LA TRILOGIA
DE LA
IRA

{ EL AIKIDO DE LA
COMUNICACION: }

Reconquista *tu* poder con límites,
expectativas y destrezas

MARGARITA GURRI, PH.D.

Red Shoe Media Group
Dania Beach, FL

Red Shoe Media Group
PO Box 1806, Dania Beach, FL 33004

RED SHOE
I N S T I T U T E
LAUGH · COMMUNICATE · CONNECT

ISBN: 978-0-9914573-0-4
LCCN:
CreateSpace, North Charleston, SC

For further information please contact:
Margarita@RedShoeInstitute.com
855-DrGurri (374-8774)

*
**

Published 2015 Red Shoe Media Group™
Printed in the USA

{ *La paz comienza con una sonrisa*

~ Madre Teresa ~ }

EL AIKIDO DE LA COMUNICACION:

cómo fomentar nuestro poder personal sobre la forma en que pensamos y manejamos nuestra reacción a la ira nuestra y de otras personas.

---
*
**

LIBRO I
LOS TRES NIVELES DE LA IRA

¿La estupidez te hace enojar a veces? Utiliza los principios del arte marcial de Aikido para facilitar en todos nosotros la capacidad reaccionar ante de la ira y la negatividad en forma creativa, positiva y productiva. Es demasiado fácil ser gruñón y antipático ante los momentos estresantes de la vida.

---
*
**

LIBRO II
EL DAO DEL PU

Las cosas pasan. ¿Cómo reaccionas? Aprende a recurrir al humor ante la ira y las crisis. Mejora el uso de las herramientas de comunicación verbales y no verbales. Igual que Arnold Schwarzenegger en la película *Kindergarten Cop*, todos tenemos el deseo de hacer callar a algunas personas. Aprende a lograr eso con gracia y con liderazgo sutil y directo.

---
*
**

LIBRO III
LOS CALLATES EDUCADOS
O LAS FORMAS EDUCADAS
DE DECIR CALLATE

¿Estás cansado de la mala educación? ¿Quieres imponer límites, pero con cierta gracia? Los Cállates Educados son la respuesta. Son estrategias simples y divertidas para establecer límites, y son fáciles de aprender. Con sentido del humor, algunas destrezas de comunicación y ternura, puedes ser un maestro de los Cállates Educados.

Tabla de contenido

*
**

LIBRO I
LOS TRES NIVELES DE LA IRA

LIBRO II
EL DAO DEL PU

*
**

LIBRO III
LOS CALLATES EDUCADOS O
LAS FORMAS EDUCADAS DE DECIR CALLATE

*Si te inclinas hacia la ira,
o te alejas de ella, te golpean
o pierdes tu poder personal.
Si aprovechas la ira, florecen
el liderazgo, la creatividad
y la tranquilidad*

~ Margarita Gurri, Ph.D. ~

A todas las personas que han hecho enojar a alguien.
Ustedes saben quienes son. ¡Gracias!

y a mis...

hijas Jess Ennis y Kate Gurri Glass;
nietas Taryn y Kaitlyn Ennis;
hermana gemela, Elena Gurri;
hermanos Joe Gurri e Irene Gurri;
amigos Danny Oropesa, Ed Dunkelblau, Chip Lutz,
Tony Palm, Janis Chinnock Wetter y Paul Wetter;
artista Caley Curchy;
editor Steve Lee;
traducido Iván López Muñiz y
padres, Joseph y Beba Gurri.

y también...

¡gracias a Dennis Jonio, por su apoyo gentil y fuerte para lograr poner,
finalmente, estos pensamientos en papel!

———————————— *
                ** ————————————

La diversión, por cierto, me rodea
¡DISFRUTEN!

{ *Un ojo por ojo deja*
al mundo ciego
~ Mahatma Gandhi ~ }

Presentación

de Steve Lee, editor

"La Trilogía de la ira y el aikido de la comunicación: reconquista tu poder con límites, expectativas y destrezas", es el primer libro de Margarita Gurri, Ph.D., pero en definitiva no será el último. Los lectores, por cierto, estarán exigiendo más anécdotas y sabiduría de la doctora tras concluir su primera publicación.

Al leer su libro, podrás discernir que Margarita es más que una psicóloga, consultora, oradora y autora. Es también una matriarca, una madre que ama a su familia y una esposa. Margarita tiene la pasión de ayudar a familias, jóvenes y personal militar a superar los momentos duros de la vida y promover una vida de unidad.

Además, tiene un cinturón negro en karate, la fuente del Aikido de la Comunicación.

Su agudo sentido del humor y astucia están bien equilibrados con sus más de 30 años de experiencia profesional. Es una combinación que aporta a su sorprendente habilidad de ofrecer soluciones informativas a los problemas de la vida en una forma clara para sus lectores. Estas virtudes son evidentes en "La trilogía de la ira", su primera incursión en el mundo de la publicación.

Una refugiada de la Cuba de Castro, que arribó a los Estados Unidos en los turbulentos años 60, Margarita depende de sus experiencias y fortaleza de carácter para compartir mucho de ella misma mientras brinda ayuda a personas en su profesión de psicología clínica. Aunque esté conversando con una persona o una familia en su oficina, hablando ante un nutrido público en una conferencia o taller, o impartiendo consejos vía radio, la sabiduría y la compasión de Margarita siempre brillan.

Sugiero que te relajes y te tomes tu tiempo para realmente absorber "La trilogía de la ira". Nada le complacería más a Margarita que aproveches esta experiencia para aprender a encarar las situaciones - algunas más difíciles que otras - que aparecen en nuestras vidas. Ella sabe que mejorarás tras leer este libro y que te reirás de algunas de sus anécdotas en el proceso.

$$* \atop {* \ *}$$

¡Jesús Tiene Una Gran Derecha!

> ¡*Perdóname que hayas hecho que te pagara!*
> ~ Hijas Jess Ennis y Kate Gurri Glass ~
> *(cuando eran chiquitas)*

En cada uno de nosotros existe el potencial de ser maravilloso y también espantoso. Cada momento de la vida diaria está repleto de posibilidades. Algunos momentos parecen desagradables y otros placenteros. En términos de potencial, en realidad todo es lo mismo. Nuestra responsabilidad es reconocer esas experiencias como regalos. Lo que importa es cómo respondemos en pensamiento, palabra y acción.

EL AIKIDO DE LA COMUNICACION

A veces, cuando más se necesita, una imagen divertida nos ayuda a responder en forma diferente. Esto es realmente obvio cuando estamos encarando emociones fuertes. La ira, aunque para la mayoría de nosotros es rara vez nuestra primera reacción emocional, es la reacción que más a menudo identificamos como algo que necesita atención. El Aikido de la Comunicación es una forma de pensar y manejar nuestra reacción a la ira nuestra y de otras personas.

La meta del Aikido es dirigir al agresor, utilizando su propio impulso agresivo, de forma que nadie resulte herido. El Aikido, arte marcial desarrollado por Morihei Ueshiba, significa "la forma" o el método de unificar tu energía de vida. La energía del agresor es desviada y redirigida en vez de bloqueada o frenada.

Dos relatos sirven para describir lo que me hizo crear el Aikido de la Comunicación.

El primero estableció la base para que yo prestara más atención a las reacciones basadas en la ira, tanto de otras personas como mías. El segundo relato describe la creación de los Tres Niveles de la Ira y las estrategias del Dao del Pú y de los Cállates Educados.

RELATO UNO: ¡JESUS TENÍA UNA GRAN DERECHA!

Comencé a observar cómo la gente maneja su ira para protegerme. Llegué a los Estados Unidos desde Cuba como una refugiada de 4 años de edad, acompañada de mi madre, mi hermana gemela Elena y mis hermanos mayores, Joe e Irene. Nos reunimos en Miami con mi padre, quien se había ido de Cuba unos días antes en noviembre de 1960. Nos fuimos con una maleta para toda la familia y 5 dólares por persona. Nos mudamos a un barrio de lo más modesto, donde recibimos una bienvenida mixta.

Algunas personas eran cálidas y sociables. Algunas eran realmente hostiles. La mayoría de estas últimas eran niños que con muchas ganas nos decían que nos "odiaban" porque no hablábamos inglés y nos veíamos diferentes. Habían escuchado cosas raras de nosotros. Algunos pensaban que éramos comunistas, en vez de refugiados del comunismo. De todos modos, sufrí varias golpizas y eso me hizo pensar. Aprendí a ser veloz, graciosa y a observar a otras personas, mis alrededores y a mí misma.

Cuando llegaba a casa llorando, mi mamá me besaba las yayas y trataba las pequeñas lesiones de mi cuerpo y las grandes de mi corazón. Y en esos momentos sugirió que viéramos al agresor como si fuera Jesús, y que lo tratáramos como si fuera Jesús. Una tarea de lo más difícil.

¡Dios mío, Jesús tenía una gran derecha!

Con gran tranquilidad, mamá nos decía que como esta persona era Jesús, teníamos una gran oportunidad de enseñar y aprender. "Muéstrales quién eres", explicó.

Ella, Beba, era una mujer de una fe simple y fuerte. Su fe era práctica y se manifestaba en cosas pequeñas de la vida diaria.

Después de cualquier incidente, maravilloso o espantoso, mi madre preguntaba:

1. "¿Qué enseñaste?"
2. "¿Qué aprendiste?"

———— *
** ————

RELATO DOS: EL OCTAGONO

Hace mucho tiempo, me pidieron que ayudara a trabajadores de emergencia que habían acumulado la agresión y el estrés de sus trabajos y se habían convertido en personas agresivas y antipáticas.

Agentes policiales, jefes de policía, un jefe de bomberos y técnicos médicos de auxilio se reunieron conmigo en un pequeño grupo para tratar el control emocional. Nada de lo que hice funcionó. Después de una segunda semana, regresé a casa desilusionada, pero determinada a crear una forma de ayudar a estos socorristas ansiosos y de fuerte carácter.

La idea de los Tres Niveles de la Ira se me ocurrió cuando mis hijos eran jóvenes y yo estaba planchando su ropa para el día siguiente mientras miraba la tele, donde vi dos películas de artes marciales que me hicieron pensar.

En la tele estaba uno de mis héroes, el karateca Chuck Norris, quien en la película *El octágono* estaba totalmente concentrado en resolver problemas de acción y filosofía. Norris, siempre el último hombre de pie, prevaleció porque no dejó que su ánimo afectara su reacción ante las agresiones más sorprendentes.

David Carradine, *Círculo de hierro*. Esta película, inspirada por el *Círculo de hierro* protagonizada por Bruce Lee, y cuyo título original era *La flauta silenciosa*, es una moraleja sobre las decisiones de la vida. Aunque no es una buena decisión en la vida real, el héroe protagonizado por Carradine decide destruir el rostro de un niño bello. Claramente, una reacción no intuitiva.

Tras quebrar su nariz, el niño ya no tiene el peso y la tentación de su propia belleza y puede concentrarse en su trabajo. El personaje de Carradine explica que "el niño era demasiado hermoso. Era un tirano. Hubiera sido peor de grande. Yo liberé a sus padres de la esclavitud de su belleza...liberé a sus padres y también al niño".

Mientras miraba, comencé a pensar en mis hijos y mis pacientes de mi clínica de psicología. Es tan simple enojarse cuando alguien está enojado con nosotros. Es fácil bajar a su nivel y responder de una forma no bonita.

———— *** ————

NACEN LOS TRES NIVELES DE LA IRA

Así fue que nacieron Los Tres Niveles de la Ira. El título completo es Los Tres Niveles de Poder ante la Ira, pero es demasiado largo.

Desde mi punto de vista, hay tres niveles de ira o de poder frente a la ira. El nivel más primitivo y reactivo es el Nivel Tres. La reacción más común es el Nivel Dos. La reacción más sofisticada e iluminada es el Nivel Uno.

Te voy a presentar los Tres Niveles y algunas herramientas prácticas después de invitarte a ver en qué nivel te encuentras.

Veamos cómo te va.

LIBRO I
LOS TRES NIVELES
DE LA
IRA

Los Tres Niveles de la Ira

{
El humor es la gran cosa, lo que nos salva.
En el minuto que sale a flote, todos nuestros
resentimientos e irritaciones se desvanecen y
un espíritu soleado asume su lugar
~ Mark Twain ~
}

LOS Tres Niveles de la Ira, o los Tres Niveles de Poder ante la Ira, es una forma divertida de ver cómo mantenemos o entregamos nuestro poder.

HUMOR

Reaccionar ante la ira, la de otros o la nuestra, es un asunto serio. Sin embargo, el humor realmente nos ayuda a mantener un buen ánimo y hacer relucir nuestro lado gracioso. Mark Twain lo resumió de lo más bien: "El humor es la gran cosa, lo que nos salva. En el minuto que sale a flote, todos nuestros resentimientos e irritaciones se desvanecen y un espíritu soleado asume su lugar".

Entonces, debes tener en mente que el humor está alrededor de ti. El humor nos ayuda a ser creativos en nuestra percepción de las situaciones, a manejar el estrés, a sanar, a reírnos y a ser más productivos.

PODER PERSONAL

Con poder personal y humor todos nosotros podemos alcanzar el Nivel Uno de la Ira.

El poder personal es saber quiénes somos, cómo influimos en otros y cómo ellos influyen en nosotros. También se trata de la responsabilidad, la conciencia de uno mismo y cómo encarar momentos de desafío con gracia. Este libro trata de cómo mantener y cultivar nuestro poder personal en los mejores y peores momentos de la vida. (No puedo dejar de pensar en el autor Charles Dickens cuando me refiero a poder personal.)

El poder personal brota de la conciencia de uno mismo, de la percepción emocional y social, de la aceptación de nuestra responsabilidad y culpa y de ser impecable acerca de nuestra verdad, la de otros y la del mundo que nos rodea. Para un gran análisis de la impecabilidad, sugiero que leas "Los cuatro acuerdos", de Don Miguel Ruiz.

LOS DESAFIOS DE LA VIDA COMO BENDICIONES

Cuando descubrí que Jesús tenía una gran derecha, ¿se acuerdan de las dos preguntas sabias y tediosas que planteaba mi madre? En cada situación mala y buena podemos preguntarnos:
1. "¿Qué aprendí?"
2. "¿Qué enseñé?"

El Paradigma de los Tres Niveles de la Ira

{ *¡No es mi culpa que me obligaste a pegarte!* ~ Anónimo ~ }

NIVEL DE REACCION	NIVEL TRES DE LA IRA	NIVEL DOS DE LA IRA	NIVEL UNO DE LA IRA
La acción	Yo golpeo. Tú golpeas.	Yo golpeo. Tú no golpeas. Te distraes y tienes una reacción demorada y diluida contra ti y otros.	Yo golpeo. Tú no golpeas. Muestras compasión por ti mismo y otros.
¿Quién gana? Motocicleta	Yo gano. Súbete atrás.	Yo gano. Súbete atrás.	Tú ganas. Tú manejas.
Meta	Promover violencia, actitud y compartir el mal humor.	Autopreservación.	Paz mundial.
Reacción	Igual Igual	Igual Lateral	Igual Tranquilo- Con compasión
Energía	Devuelta de la misma forma e intensificada.	Va de costado y se convierte en una demorada bomba de tiempo.	Pasa el momento sin daño a ti mismo u otros. El poder es conservado y fortalecido.
Tipificado por	Participantes en el show de Jerry Springer.	Gente buena en cualquier parte.	Yoda (Guerra de las Galaxias™).

*
**

EL NIVEL TRES de la Ira

[
Participantes del Show de Jerry Springer
Te doy una paliza
]

Por Favor, dedica unos minutos para pensar o tomar algunos apuntes. Responder velozmente nos ayuda a ver adonde estamos ahora, en este preciso momento.

- ¿Qué haces?
- ¿Cómo te sientes?
- ¿Qué piensas?

¿Cómo te fue?

Ya eres miembro del Show de Jerry Springer, integrante bona fide del Nivel Tres.

"¡Jerry, Jerry, Jerry!"

Te doy una paliza y tú respondes con otra paliza. Te insulto, y tú respondes con un insulto aún peor. Arrojas una silla, saltas y llamas a Steve para atacar o controlarme, poner a los espectadores de tu lado y afirmar, "¡Él no es mi papá!" La violencia y los malos humores abundan. La ira inspira a la ira.

¿QUIEN GANA? ¿QUIEN ESTA A CARGO?

En el mundo civilizado nadie gana cuando recurrimos a la violencia. He planteado estas preguntas a participantes en talleres por todos los Estados Unidos. Las respuestas son variadas:

- "Las personas agredidas están en control porque no empezaron la violencia".
- "Nadie está en control cuando hay violencia de por medio".
- "La persona que golpeó con más fuerza está en control".

De acuerdo con mi forma de pensar, yo estoy en control. En el mundo de dominio y control, gano yo. Yo golpeé e hice que me pegaras. Debido a mis acciones, perdiste tu concentración, ¿no es cierto? Bueno, la cosa no es tan simple.

La primera dama de los Estados Unidos, Eleonor Roosevelt, lo dijo con gran claridad: "Nadie puede hacerte sentir inferior sin tu consentimiento". Nadie puede obligarte a que te enojes tampoco. La decisión es tuya. El Nivel Tres es una buena práctica para comprender como cada uno de nosotros entregamos nuestro poder a otras personas.

¿Has visto que una persona puede arruinar tu día con una simple mirada? ¡Qué poder le damos a esa persona! A menudo, la persona que nos mira ni siquiera es importante en nuestras vidas. Ninguna persona saludable desea que otros la miren o la traten mal. Mientras maduramos, nos ajustamos a esta reacción natural y le damos la importancia debida. Sólo las opiniones de ciertas personas nos importan. Es nuestra decisión elegir nuestras reacciones y nuestros asesores en forma inteligente. Si todo el mundo aprueba de nosotros, estamos haciendo algo muy mal.

En el Nivel Tres, el nivel más primitivo de las reacciones a otros y a nosotros mismos, nos olvidamos de nuestra tranquilidad y valores y entramos en ese modo o comportamiento automático de reaccionar recíprocamente. Yo te agredí o sorprendí y has tenido que cambiar tu rumbo. Soy tu dueño. Te influí para que abandonaras tu agenda y te acoplaras a la mía. Yo te pegué, tú me pegaste. La energía va directamente de mí a ti. Gano yo.

NIVEL TRES DE LOS TRES NIVELES DEL PARADIGMA DE LA IRA

MOTOCICLETA:	Si estuviéramos sobre una Harley Davidson, estarías atrás. ¡Sabes lo que eso significa! Ponte atrás en mi moto y soy tu dueño.
META:	La meta de la reacción en el Nivel Tres es promover violencia, actitud y compartir el mal humor.
REACCION:	Igual ⟷ Igual
ENERGIA:	La energía es devuelta en forma recíproca o escalada.

*
**

NIVEL DOS de la Ira

$$\Big[\quad \begin{array}{c} \textit{Gente buena en todas partes} \\ \text{Te pego.} \\ \text{Tú no me pegas.} \end{array} \quad \Big]$$

¿QUE HARIA LA MAYORIA DE LA GENTE BUENA?

El Nivel Dos de la Ira es representado por la mayoría de las personas buenas o educadas. Te golpeo. Tú eres más sofisticado y rehúsas pegarme o proferir insultos.

¿Qué harías?

La mayoría de la gente dice que dirían o harían:

- "Oye, ¿por qué me pegaste?", en un tono débil y ofendido
- No harían nada
- Llamarían a la policía
- Moverían la cabeza y chillarían
- La mayoría comenzaría a tartamudear
- Evitarían reaccionar
- Pedirían perdón por haber estado en el camino o haber provocado el bofetón
- Otros simplemente se quejarían

¿QUE LE PASA A LA GENTE BUENA HORAS DESPUES?

Les da dolor de panza, dolor de cabeza, se ponen quejosos, patean al perro, le gritan al niño, gastan demasiado dinero, beben en exceso, arriesgan su dinero y seguridad, comen demasiado o muy poco, duermen mucho o poco, hacen ejercicio en exceso o muy poco, se alivian con sustancias, tienen sexo muy dinámico con la persona errónea o no tienen relaciones con la persona indicada. La lista es más larga.

La gente buena representa los grandes ingresos de cualquier clínica médica o de psicología. El estrés y la rabia provocados por la impotencia ante la ira atacan nuestros almas y cuerpos. No es una situación agradable.

Eres demasiado sofisticado para reaccionar automáticamente con un acto inmediato y transparente de violencia. La energía no va directamente de mí a ti. Va de mí a ti, pero lateralmente, como una bomba de tiempo. La ira que te envié no es devuelta en forma directa. Va de costado y luego pateas al perro, le gritas a alguien a quien quieres, comes demasiado, etc.

¿QUIEN GANA? ¿QUIEN ESTA A CARGO?

Nuevamente, gano yo. Hice que perdieras tu tranquilidad y te quité poder. Aunque la ira no es la misma que te envié, hice que perdieras tu tranquilidad y salieras de tu rumbo diario para responder educada y pasivamente a mi agresión. Claro, hice esto con tu consentimiento, pero tú me das todo el crédito.

NIVEL DOS DE LOS TRES NIVELES DEL PARADIGMA DE LA IRA

MOTOCICLETA:	Otra vez, ponte atrás pues te domino.
META:	Autodefensa. A lo mejor ofrecemos asistencia pasiva en la forma de oraciones o pensamientos positivos, o tal vez juzgamos al agresor.
REACCION:	Igual ⬅ Lateral
ENERGIA:	La energía es devuelta lateralmente y se convierte en una bomba de tiempo, la cual explota o implosiona más tarde en blancos indirectos. Pateamos al perro, le gritamos a nuestra pareja, tocamos la bocina a los que manejan un poco lento, etc.

*
**

NIVEL UNO de la Ira

[
Yoda (Guerra de las Galaxias™)
Ahora llegamos a Yoda. Reaccionas en forma
sofisticada en el Nivel Uno.
Te pego.
¡OOOOOOOMMMMM!
No me golpeas.
]

No me entregas tu tranquilidad. No me das una bofetada al estilo Jerry Springer. Y no lo absorbes pasivamente mientras te carcome por dentro como ocurre en la modalidad de Gente Buena. Haces dos preguntas.

DOS PREGUNTAS

Una sobre mí y una sobre ti.
1. **Para mí, el agresor:**
   • ¿Por qué me pegaste? (Yoda diría, "Me golpeaste. ¿Por qué? Hmmmm".)
2. **Para ti, como Yoda:**
   • ¿Qué hice para merecer este golpe?

NIVEL UNO DE LA IRA, PREGUNTA UNO:

¿Qué pregunta me harías, si yo soy el agresor?
Así es:
   • ¿Por qué me pegaste? o
   • Golpéame, ¿por qué (al estilo de Yoda)?

¿Cómo te das cuenta si tú u otra persona está demasiado enojada para sostener una conversación constructiva? No es siempre buena idea preguntarle a una persona violenta en medio de su furia el por qué o cualquier otra pregunta. Por favor, lee La Prueba del Trago de Agua para que te sirva de guía sobre esta decisión (ve la siguiente sección). Es tan simple como uno, dos, tres.

NIVEL UNO DE LA IRA, PREGUNTA DOS:

Piensa. ¿Qué pregunta quieres hacerte?

La segunda pregunta que haces, al estilo de Yoda: "¿Qué hice para merecer este golpe?" Si es nada, está todo bien. Si aportaste, debes asumir responsabilidad. Esta es una pregunta sobre la responsabilidad y las contribuciones reales a la agresión.

Responsabilidad. ¿Hiciste algo que contribuyera a mi decisión de pegarte? ¿Cualquier cosa reciente, pasada, accidental o a propósito? Confiésalo. Hay que tener cuidado con sentir demasiada culpa y asumir demasiada culpa sin razón.

Como solía decirme mi madre: "No eres el conductor de un autobús. No debes recoger a toda la gente en cada parada". Se refería a la importancia de tener límites y no rescatar a la gente, o sea dejar a la gente cuidarse con o sin nuestro apoyo. Asumir demasiada culpa o evitar asumir nuestra verdadera culpa son igualmente destructivos.

Las personas que sienten demasiada culpa preguntan, "¿Cómo provoqué esto?" Ésta es una forma peligrosa de pensar sobre nosotros y otros. Es mejor pensar objetivamente sobre nuestras contribuciones para ver cómo todos y otros factores del ambiente contribuyeron al bofetazo. Vamos a analizar esto en la sección de la Autopsia de los Eventos.

Sé honesto. Impecablemente honesto.

Si contribuiste a que te pegara, asume la responsabilidad. Ofrece disculpas a mí o a ti. Haz los planes necesarios para arreglar la situación. Toma el primer paso. Sé valiente. Sé fuerte. No es siempre fácil. Somos todos tan grandes y tan espantosos, muchas veces al mismo tiempo.

Aunque no contribuiste al golpe, la reacción en el Nivel Uno fomenta pensamientos, sentimientos y comportamientos que ofrecen compasión al agresor. Sal de mi camino. No dejes que yo te pegue, pero decide si hay que tomar alguna acción para garantizar mi seguridad, tu seguridad y la seguridad de otras personas en mi camino. ¿Qué hay que hacer? Hablaremos de eso en otro capítulo. Ahora practiquemos.

¿QUIEN GANA?

Tú, claro. ¡Ta Da!

Es la única respuesta que ilumina, da fuerza y salva al mundo. Tú tomas mi ira y violencia, mantienes tu tranquilidad y valores y contribuyes positiva e inteligentemente con tu energía e intenciones.

Felicitaciones, eres una de las pocas personas en nuestro mundo que puede superar la tentación del odio y la seductiva energía negativa para guiar y sanar. ¡Gracias!

NIVEL UNO DEL PARADIGMA DE LOS TRES NIVELES DE LA IRA

MOTOCICLETA:	Al fin, estás en la motocicleta con orgullo. O elegiste no andar en la moto. Está claro que tienes el poder de tomar tu decisión. Eres tu propia persona.
META:	Paz mundial. En el Nivel Uno las personas buscan mostrar amor y compasión para ellas mismas y otras.
REACCION:	Igual ◯ Tranquilo-Con Compasión
ENERGIA:	La energía pasa sin dañar a ellos o nosotros. ¡Ta Da! Has mantenido y fortalecido tu poder personal y brindado una oportunidad para que el agresor reaccione en forma saludable.

RESUMEN

El Aikido de la Comunicación es para reaccionar a la energía y comportamientos desagradables de nosotros y de otras personas, dejando nuestro poder personal intacto, con el fin de mantener nuestra honestidad personal. Solo en el Nivel Uno de Poder podemos retener y fortalecer nuestro poder ante la ira y la molestia, las nuestras y las de otras personas.

Algunas herramientas nos ayudan a alcanzar el Aikido de la Comunicación con claridad y destreza. Algunas de ellas son: La Prueba del Trago de Agua, El Dao del Pú y Los Cállates Educados.

*
**

La Prueba del Trago de Agua

{ *De nada sirve hablar con alguien tan enojado que no acepta y no bebe un trago de agua*
~ Anónimo~
(Enfermera de emergencias en el Hospital Johns Hopkins) }

Hace muchos años, una enfermera de la Sala de Trauma y Emergencias del Hospital Johns Hopkins me mostró una forma simple y elegante para decidir si era seguro hablar ante expresiones de ira, nuestras o de otras personas. Es un ejercicio que se refiere a la toma de decisiones.

PRUEBA DEL TRAGO DE AGUA: LA VOLUNTAD DE HABLAR ANTE LA IRA

Imagínate que soy el agresor que da la bofetada y tú me ofreces un vaso lleno de agua. He dividido esta prueba en tres simples partes:

1. **Paso Uno: tu voluntad**

Si puedes poner agua en el vaso y ofrecérmelo sin volcar, escupir o arrojármelo aunque estoy lleno de ira, estás listo para hablar. A veces fomentamos la tensión sin saberlo, y a veces a propósito. ¡La ira es tan increíblemente contagiosa e irresistible a veces, que puede ser más seductiva que el chocolate!

2. **Paso Dos: mi voluntad**

Si yo, enojado, puedo aceptar el trago de agua, acercar el vaso a mi boca y beber el agua sin volcar o arrojártelo, también estoy listo para hablar.

3. **Paso Tres: nuestra voluntad**

Si una gota se cae o si el agua atraganta a alguien o si es arrojada por cualquiera de las partes, debes darle a esa persona tiempo para tranquilizarse. No sirve de nada hablar con una persona tan enojada (o afectada por drogas, alcohol o problemas mentales) que no puede aceptar y beber agua. ¡Salud!

Si cualquiera de nosotros fracasa en La Prueba del Trago de Agua, no es buena idea preguntarle al agresor el por qué de la bofetada. Puedes preguntar sobre mis motivaciones, pero en silencio, en tu cabeza.

Pregúntate: "¿Por qué me pegaste?" Eso ayuda para determinar tu seguridad personal y hallar soluciones a nuestro problema.

El mejor momento de plantear esa pregunta es cuando aprobamos esta prueba.

*
**

La Pataleta

[*Practicando los Tres Niveles de la Ira*]

Para dominar los Tres Niveles del Poder se requiere un poco de introspección y práctica. La meta de este ejercicio es comprender las diferencias entre:

- Cómo se siente
- Qué pensamos
- Qué hacemos en cada uno de los Tres Niveles de la Ira

META

La meta es ir de Nivel Tres a Nivel Dos a Nivel Uno con más facilidad. Está bien ir de Nivel Tres a Nivel Uno si puedes hacerlo. En realidad, un buen comienzo es llegar a un genuino Nivel Uno una vez al día. Pero algunos días son más duros que otros.

¡Atención! Cuando estés practicando los Tres Niveles de la Ira... afloja con tus seres queridos. La experiencia me ha enseñado que no es bueno practicar estas nuevas estrategias y destrezas de reacción con parientes. Son tan cercanos a nosotros que es demasiado fácil entrar automáticamente en las modalidades de los Niveles Tres y Dos.

Cuando llegué a este país, los miembros de mi familia venían a casa casi todas las semanas para una comida dominical. Durante uno de esos encuentros, algunos de los adolescentes estaban hablando en inglés, su nuevo idioma. Entraron en un banal argumento generado por el estrés y de repente uno de ellos gritó, "¡Y tus pies apestan!" Me congelé en ese momento y traté de no reírme, pero fracasé miserablemente. Enseguida vi que toda la familia se estaban riendo a carcajadas y casi no podían respirar. Esta reacción totalmente infantil de Nivel Dos había transformado a la familia en una gran risa de Nivel Uno.

Hasta el día de hoy, seguimos concluyendo argumentos con la frase, "¡Y tus pies apestan!"

Hay que recordar esos momentos de oro.

La vida brinda muchas oportunidades, anticipadas y totalmente inesperadas, para practicar cuanto poder queremos mantener y dar. Tenemos la opción de aportar a un mundo de malos humores o de fomentar un mundo lleno de alegría, amor y generosidad.

LA PATALETA

Uno de mis videos favoritos en You Tube es sobre un padre e hijo en el supermercado. El niño quiere un caramelo pero el padre dice que no. Entonces el niño se pone a gritar y patalear y arrojar frutas. También se tira al piso en medio de su griterío. Los clientes del lugar miran. Al final del video aparece un clip que dice: use condones. O sea no soy una católica perfecta, pero es gracioso.

El público se ríe mucho de eso. Todos pueden entender a ese pobre padre y el sufrimiento del hijo. Una exhibición pública de grandes proporciones no ayuda a un padre o hijo a sentirse en control y contentos de sí mismos.

NIVEL TRES: PARTICIPANTE DEL SHOW DE JERRY SPRINGER

"Jerry, Jerry, Jerry".

Si estuvieses en el Nivel Tres, como un participante en el Show de Jerry Springer, ¿qué podrías hacer para empeorar aún más la situación? Recuerda que en el Nivel Tres tu meta es promover la violencia, una mala actitud y los malos humores.

Recibo una variedad de respuestas ante esta pregunta. Dicen, yo:
- Pegaría al niño
- Pegaría al papá
- Daría mi cinturón al papá
- Gritaría más fuerte
- Arrojaría comida
- Daría un trago al papá
- Grabaría la escena en video y la pondría en Facebook
- Llevaría al niño afuera para darle una paliza

Entregas tu poder y no haces nada para aportar al universo. Dejas escapar una oportunidad de mostrar gracia, compasión y humor. En vez de eso, eliges aportar dolor.

NIVEL DOS: GENTE BUENA

Si estuvieras en el Nivel Dos como típica Gente Buena, ¿qué harías para entregar tu poder y no aportar en forma positiva a la situación?
Mi público y pacientes dicen, yo:
- No haría nada
- Le dirigiría esa mirada cordial pero de disgusto al papá
- Soltaría un chillido
- Le daría al niño la misma mirada y el mismo chillido
- Me iría del pasillo del supermercado o del supermercado

Y mi respuesta favorita:
- Le daría un caramelo al niño para callarlo. ¡No es mi niño!

Esto es realmente diabólico porque parece una reacción de Nivel Dos pero tiene una cualidad violenta, con una veta de agresión pasiva dirigida a una reacción de Nivel Tres, típica de Jerry Springer.

NIVEL UNO: YODA

"Ooooommmmm."

Eres una persona sofisticada con un buen sentido de ti mismo, una actitud consciente hacia otros y un sentido de justicia social. Tu poder personal es elevado y vives con gracia, amor y gratitud, usando humor y destrezas sofisticadas de comunicación en tu vida diaria. Esto te ayuda a reaccionar con inteligencia ante la mayoría de las situaciones desagradables que enfrentas.

PREGUNTA UNO DEL PRIMER NIVEL DE LA IRA

En esta situación, "¿Por qué me pegaste?" realmente no aplica. La mejor pregunta es, "¿Qué está ocurriendo aquí? ¿Por qué está ocurriendo esto?"
Mi público y pacientes dicen, yo:
- Averiguaría si el papá está bien
- Averiguaría si el papá está drogado, ebrio o con bajo nivel de azúcar
- Averiguaría si el niño está bien, porque tal vez es autista y está demasiado estimulado por el ruido del lugar
- Averiguaría si el niño tiene bajo nivel de azúcar o está padeciendo una convulsión

PREGUNTA DOS DEL PRIMER NIVEL DE LA IRA

¿Qué hice para contribuir a esto? ¿Qué debo hacer ahora?
Mi público y pacientes dicen, yo:
- Le diría al papá que el niño tiene muy buenas cuerdas vocales y podría ser un referí o cantante de ópera, etc.
- Le haría al papá una mirada o sonrisa de solidaridad
- Le haría al niño una mirada o sonrisa de solidaridad
- Le diría al papá que las cosas en el futuro serán más fáciles
- Me arrojaría al suelo para patalear y distraer al niño en forma graciosa
- Le diría al niño que grite más fuerte

"Le diría que grite más fuerte" es una sugerencia conocida como "prescribir el síntoma". La idea es que si el niño está fuera de control, él tendrá que revisar sus tácticas si uno le dice que grite más fuerte o por más tiempo. Si el niño escucha, sólo podrá continuar con su rebelión si se calla y pone fin a su pataleta. Todos ganan.

¿Cómo te fue?

Ahora es un buen momento para pensar sobre algunas situaciones que estimularon tu ira.

PRACTICA, PRACTICA, PRACTICA

Practica reacciones de los Niveles Tres, Dos y Uno.

Una forma divertida y fácil de practicar reacciones de Nivel Uno es comenzar con reacciones de Nivel Tres, las cuales tienen su atracción. Además, el iniciar la práctica con las peores reacciones ayuda a uno a aclarar y reconocer el poder que pierde, y es entretenido jugar con reacciones realmente malas. Es algo que ayuda a uno a relajarse un poco.

Acuérdate de ser cariñoso y juguetón contigo mismo y otros mientras practicas oficialmente o en medio de situaciones desagradables o placenteras. Se requiere un esfuerzo sostenido para cumplir con cualquier cosa que valga la pena.

OTRAS PRACTICAS

- Estás en cola en el aeropuerto desde hace 30 minutos y alguien se cuela delante de tí. ¿Qué harías en:
- Nivel Tres?
- Nivel Dos?
- Nivel Uno?

Mientras practicas, pregúntate:
- ¿Cómo te fue?
- ¿Qué funcionó?
- ¿Qué falló?
- ¿Qué podrías hacer para mejorar tu reacción ante una situación de ira?

*
**

El Saludo de Miami

[*Practicando Los Tres
Niveles de la Ira*]

Vivo en Miami. Hemos sido votados como los peores conductores de los Estados Unidos de América, ¿o habrá sido del mundo? De todos modos, nuestros conductores son tristemente célebres.

Aquí hay una escena que ofrece la oportunidad de practicar Los Tres Niveles de la Ira. Como solía decir uno de mis niños, "ves, lo que había ocurrido es que..."

ESE SALUDO TAN ESPECIAL, EL SALUDO DE MIAMI

Un día, yo estaba manejando por la carretera Florida Ronald Reagan Turnpike hacia el sur de Miami. Iba a la velocidad correcta en el carril del medio. ¡Qué loca soy! Iba a la velocidad establecida. ¡Qué inconveniente para todos!

Un hombre joven se acercó a mi auto rápidamente. Se convirtió en un hemorroide, pegado detrás de mí, y comenzó a tocar la bocina para que me apurara. El carril veloz de la izquierda estaba bloqueado. El carril más lento de la derecha también. El estaba atascado y de repente yo era su problema y la causa de su tardanza.

El esperaba que yo cumpliera con su exigencia, que acelerara para que pudiera pasar a la izquierda o la derecha. Imagínate. ¡Qué cosa la mía querer ir a la velocidad legal!

En ese momento me hizo El Saludo de Miami, ese saludo tan especial con el dedo del medio, primero dentro de su auto y luego sacando su dedo por la ventana.

Empecé a enojarme. Soy una cordial abuela católica romana y cubano americana (mis nietos me dicen Lela) y me gusta ayudar a los jóvenes a alcanzar sus metas, pero no de esa forma.

Contemplé la idea de responder a su saludo. Mis niños están en shock por esto, pero la idea pasó por mi cabeza. Era una idea muy atractiva en ese momento. El inspiró a mi dedo del medio a entrar en acción.

EL PODER DEL HUMOR Y DE LA GRACIA

Pero después se me ocurrió otra cosa.

Yo podía cambiar las cosas con un poco de humor y divertirme a sus expensas y las mías. La situación era realmente zonza, ¿así que por qué no volcarme al lado gracioso de la vida?

Levanté mi mano derecha enérgicamente delante de mi espejo retrovisor y le di el saludo más amigable y alegre posible, mientras sonreía y saltaba un poco en mi asiento.

Ante mi sorpresa, el joven respondió con otro saludo, pero más débil. Sí. Todos sus dedos estaban involucrados. ¡Excelente!

Después desaceleró un poco y me permitió entrar en un carril que se unía al mío. El pudo haber acelerado para pasarme por ese carril. Pero tal vez pensó que yo era la madre de su amigo, la esposa del pastor o su perdida tía Betilda. Sea cual sea la razón, se convirtió en un caballero de las calles de Miami. ¡Ta da!

Desde ese día, respondo de esa manera cuando recibo dicho saludo. Entre 65% y 75% de las veces, recibo un saludo recíproco.

¿Quién sabía que nuestras reacciones a la violencia podían generar tanto cambio positivo de inmediato? Bueno, mucha gente, pero yo tardé en darme cuenta.

BUENO... ¿POR QUE CAMBIO SU COMPORTAMIENTO?

Hay muchas respuestas. Se me ocurren tres:

1. **La energía genera energía**

   Le di humor, diversión y alegría. Era contagioso. El buen humor es más contagioso que un pésimo humor.

2. **Culpa y vergüenza**

   Tal vez pensó que yo era la tía Betilda, la esposa del pastor, su vecina o la madre de su amigo.

3. **Bondad natural**

   La gente tiene muchas ganas de hacer lo correcto, particularmente si otra persona invita ese comportamiento con gracia y confianza. Si yo hubiera hecho un saludo de pocas ganas, él tal vez hubiera interpretado mi acción como un sarcasmo.

Así es. Las sonrisas, el humor y la energía positiva son infecciosas y contagiosas. Inténtalo. Realmente funciona la mayor parte del tiempo.

*
**

Hoja de Trabajo de los Tres Niveles de la Ira

[*¿Cuáles son algunas de las reacciones posibles en cada Nivel de la Ira?*]

Esta es una hoja de trabajo para ayudarte a planear reacciones a la ira en los tres ejemplos que hemos analizado. Aprendemos mejor cuando estamos en acción. Además, la participación activa en la solución de problemas fomenta pensamientos, palabras y acciones de Nivel Uno.

Te invito a escribir tres reacciones posibles para cada uno de los Tres Niveles de la Ira. Aunque es una tarea difícil, el tener un buen sentido del humor nos ayuda a ser creativos y a evitar culpas y juicios que obstaculizan el funcionamiento de nuestro cerebro.

1. La Bofetada

NIVEL TRES DE LA IRA	NIVEL DOS DE LA IRA	NIVEL UNO DE LA IRA

2. La Pataleta

NIVEL TRES DE LA IRA	NIVEL DOS DE LA IRA	NIVEL UNO DE LA IRA

3. El Saludo de Miami

NIVEL TRES DE LA IRA	NIVEL DOS DE LA IRA	NIVEL UNO DE LA IRA

Más allá de la Culpa, de la Vergüenza y de la Mentira

{ *He aprendido de cada error que he cometido y de aquellos que he evitado*
~ Anónimo ~ *(Cliente millonario)* }

Cuando actuamos negativamente, la vergüenza y una baja autoestima son buenos correctores. Uno de mis actores favoritos es Cloris Leachman. Su personaje en la película, *Spanglish*, lo dijo mejor cuando si hija se portaba mal:

"Desde hace rato, tu baja autoestima es simplemente buen sentido común".

Mi padre, Dr. Joseph N. Gurri, falleció a los 94 años de edad. Era un hombre sabio, gracioso y práctico. Cuando yo sentía culpa por algo, me preguntaba, "¿Eres culpable?" El sabía la diferencia entre sentir culpa y tener culpa. Eso siempre me ayudó a pensar sobre los hechos y mi responsabilidad.

Preguntas de ese tipo me ayudaron a encontrar mi propio camino para salir de mis problemas. Papá no era solamente un buen padre y buen hombre, era también un psicoanalista freudiano y cofundador de la Sociedad de Psicoanálisis de la Florida. Me imagino que se dan cuenta de que soy hija de un psicoanalista.

RESPONSABILIDAD EN ACCION: HACIENDO TRABAJAR A LA CULPA

Cuando estamos en un lío creado por nosotros mismos o creado por otros, hay tres preguntas que sirven para establecer responsabilidades:

1. **La pregunta seminal es:**
   ¿Quién contribuyó a esta situación?

2. **Segunda pregunta:**
   ¿Qué contribución hizo cada participante?

3. **Tercera:**
   ¿Qué hacemos ahora?

Muchas personas interpretan esto como: ¿De quién es la culpa? Pero la pregunta real va más allá de un nivel básico de moralidad, culpa y temor al castigo. Lo que se busca es la genuina aceptación de nuestro poder para corregir eventos inesperados.

*
**

La Autopsia de los Eventos

{ *Todos aportamos a este lío*
~ Jess Gurri Ennis ~
(a los 8 años de edad) }

Cuando yo era chica, mis hermanos y yo teníamos las típicas peleas de siempre. Mi padre, quien amaba la paz, se disgustaba con eso. El pensaba que vinimos a este país por la libertad y por eso teníamos que estar felices y seguros.

"SOMOS UNA FAMILIA FELIZ"

Gritaríamos, "¡Somos una familia feliz!" Eso siempre nos haría reír. La mera idea de nuestro papá, alto y elegante, gritando cosas sobre la felicidad, nos llenaba de risa. El veía el humor de la situación, nos guiñaba el ojo y nos arrojaba su huevo frito (ese sombrero blanco y redondo que se parece a un huevo frito).

Aprovechar cualquier evento ayuda a todos a lograr la paz y alegría de la vida como verdaderos expertos del Nivel Uno.

LA AUTOPSIA DE LOS EVENTOS

Una forma de realmente aceptar responsabilidad en el sentido práctico y cósmico es realizar la Autopsia de los Eventos. Richard "Rick" Lavoie, M.A., M.Ed., es un educador que creó las Autopsias de Habilidades Sociales como un ejercicio que fomenta la conciencia de uno mismo y la responsabilidad, con el fin de ayudar a niños con problemas de aprendizaje.

Hace años, descubrí un video suyo titulado, "Ultimo Elegido, Primero Molestado" ("Last One Picked, First One Picked On"). He transformado sus Autopsias de Habilidades Sociales para crear un concepto más general de la Autopsia de los Eventos.

Una autopsia busca las causas de enfermedad y muerte. La Autopsia de un Evento es un CSI ("Crime Scene Investigation" o "Investigación de la Escena del Crimen") que invita la creatividad, el trabajo en equipo y la responsabilidad para el bien común. Si se hace bien, puede ser divertida e informativa.

AMBIENTES SIN CULPA O VERGUENZA

Lo que me encanta de la Autopsia de los Eventos es que invita a la responsabilidad en ambientes sin sentido de culpa o vergüenza. Sin las mentiras o distorsiones fomentadas por una dura evaluación de un hecho mal encaminado, es más fácil ver las cosas como son. Es simplemente sobre curiosidad y entendimiento.

El aceptar responsabilidad puede ser excitante si nos permitimos ver las cosas desde el punto de vista de otros. A partir de ese momento tenemos la libertad de resolver problemas en el próximo evento conflictivo.

La Autopsia de los Eventos puede ser conducida en forma divertida para reafirmar que cada uno de nosotros somos amados y que ciertamente nos amamos a nosotros mismos. Muestra cómo usar la realidad en una revisión de 360 grados de una situación, con empatía y curiosidad, pero sin angustia corporal.

Sin embargo, la verdad suele ser dolorosa, aunque uno trate el tema con levedad y gracia.

LOS CONFLICTOS OCURREN

- Hmmmm. ¿Cómo contribuí a esto?
- ¿Qué contribución hicimos cada uno de nosotros a este problema?

Ahora podemos preguntar lo más importante:

- ¿Qué puedo hacer ahora ante el problema?
- ¿Qué puedo hacer la próxima vez para prevenir problemas o para mejorar las cosas?

*
**

Reglas de la Autopsia de los Eventos

{ *Hmmmm. ¿Qué hice para contribuir a esto?*
~ Margarita Gurri, Ph.D. ~ }

Aquí resumo mis experiencias con el público y los pacientes que participaron en la Autopsia de los Eventos. Verán que es más divertido y fácil iniciar el proceso si encaramos las situaciones difíciles en forma leve y juguetona.

META

La meta es crear una cultura de discernimiento y liderazgo. Las Autopsias nos enseñan a resolver problemas, mostrar compasión por otros y nosotros y pensar en forma socialmente responsable.

¿Puedes imaginar un mundo donde todos tenemos la capacidad y libertad de explorar nuestras elecciones en pensamiento, palabra y acción?

He establecido algunas reglas para clarificar las expectativas. Los límites pueden ser muy liberadores.

REGLAS DE LA AUTOPSIA DE LOS EVENTOS

1. **Todos participan**
   - Cada participante habla, en primer lugar, de su contribución. Preguntan y responden: ¿hmmmm, cómo contribuí a esto?
2. **Todos ofrecen una opinión**
   - Después de que cada persona habla sobre su situación, es invitada a opinar, con tono neutro y observacional, sobre las contribuciones no vistas o no habladas de parte de los otros participantes.
   - ¿Qué contribución hicimos cada uno de nosotros a la situación?

3. **Sin culpa**
   - Elige tener una actitud de curiosidad en vez de culpa.
   - •La meta de la Autopsia de los Eventos es fomentar la conciencia de uno mismo y otras percepciones.
   - Las acusaciones y mea culpas bloquean la creatividad y la búsqueda de ideas nuevas.

4. **Sin vergüenza**
   - La vergüenza es externa, la culpa interna.
   - El usar la vergüenza como la principal herramienta en una exploración suave de hechos y responsabilidades perjudica discusiones más profundas y la conciencia de uno mismo.
   - En vez de hacer eso, explora con curiosidad y la excitación de ti mismo y.

5. **Ten la libertad de preguntar, ¿Qué puedo hacer ahora?**
   - Aquí es cuando realmente comenzamos a pensar
   - Consideramos opciones ridículas sin editarlas
   - Luego nos concentramos en las opciones más razonables de reacciones.
   - Elegimos una o dos opciones que podemos implementar AHORA.

6. **¿Qué puedo hacer la próxima vez para prevenir problemas o mejorar las cosas?**
   - Aquí está el eje del verdadero aprendizaje.
   - El anticipar futuros eventos y aprender cómo prevenirlos o cómo impedir que se intensifiquen, requieren un verdadero aprendizaje de conflicto, de uno mismo y de otras personas.
   - Las estrategias de cuidado de uno mismo son clave en esta regla básica de la Autopsia de los Eventos.
   - Si no estamos relajados, refrescados, bien alimentados, descansados, con un plan para actualizar nuestras metas y valores, ¿cómo podemos lograr una vida de Nivel Uno? No podemos.
   - Entonces, aquí es donde examinamos nuestros valores, comportamiento y creencias básicos para forjar una vida bien vivida.

La Pasta de Dientes

{
Práctica de la Autopsia de los Eventos:
¡Oye! ¿Dónde está mi pasta de dientes?
~ Margarita Gurri, Ph.D. ~
}

Este es un ejemplo creado por Rick Lavoie y transformado por mí y por muchos de los participantes de la Autopsia de los Eventos que han trabajado y jugado conmigo.

Tú, Mary y yo vamos al mismo campamento de verano. Estamos todos en el baño preparándonos para cepillarnos los dientes después del desayuno.

Para facilitar el relato, usemos las tres personas:

1. **Tú**
2. **Yo**
3. **Mary**

YO

Siendo yo una persona suprema, y obviamente modesta, traigo mi cepillo y pasta de dientes.

Siendo inferiores, tú y Mary traen sus cepillos pero se olvidan de la pasta.

TU

Tú preguntas, "¿Puedo usar tu pasta de dientes?"

Como soy generosa, digo "claro que sí" y te la doy. Luego me voy del baño para jugar afuera.

MARY

Luego, Mary te pregunta, "¿Me prestas tu pasta de dientes?"

Siendo generoso, dices "claro" y se lo das y después sales afuera a jugar.

EL CONFLICTO

Te veo y te pregunto, "¡Oye! ¿Dónde está mi pasta de dientes?"
Tú encojes los hombros y yo me enojo en el instante.
Bueno, ¿quién contribuyó a esta situación de conflicto?

- ¿Quién?
- ¿Qué?
- ¿Cómo?

*
**

La Autopsia del Evento de la Pasta de Dientes con Opciones de Reacción

{ *¿Cómo hicieron cada uno de ustedes para contribuir a este lío?*
~ Margarita Gurri, Ph.D. ~ }

Cualquier tipo de conflicto es una gran oportunidad para aprender sobre nosotros mismos, nuestro poder y cómo impactamos a otros. A veces un facilitador puede ayudarnos a aprender, así que supongamos que Oprah, uno de mis seres humanos favoritos, nos está ayudando a resolver problemas. ¡Gracias Oprah!

Oprah convoca una reunión y nos pregunta, "¿Cómo contribuyeron cada uno de ustedes a este lío?"

1. Yo
2. Tú
3. Mary

"¿COMO CONTRIBUI A ESTE LIO?"

La mayoría de la gente dice que otra persona hizo algo mal.

Eso no es productivo.

Y por eso cada persona es alentada a mirar la contribución de ella misma a la situación. Rara vez la persona enojada comienza observando lo que hizo. Así que empecemos ahí.

YO, DUEÑO DE LA PASTA DE DIENTES

"¿Cómo contribuí a este lío?"

Puedo ser sarcástico y decir que fui demasiado generoso. Puedo causar vergüenza y culparte, diciendo que nunca debí haber confiado en ti. Puedo ser malo y decir que tu irresponsabilidad no es mi culpa.

O... puedo mirar mi interior y la situación.

Mi público y pacientes dicen:
- No debí haber compartido. ¿Te parece válido? ¿Nunca prestar o pedir prestado?
- No. Además, es más fácil ser creativo si decimos "pude haber" en vez de "debí haber".
- El acto de juzgar puede limitar la mente cuando se intenta resolver problemas, autoexaminarse o explorar situaciones.
- Pude haber clarificado mis expectativas sobre la pasta de dientes. ¿Pensabas que yo era el duende de las pastas de dientes para todos los necesitados? Tal vez soy la heredera de una fortuna en la industria dentífrica.
- Pude haber sido más claro sobre los términos del préstamo.
- Pude haber apretado el tubo para darte un poco de pasta y después irme con la pasta en mano.

TU, EL PRIMER PRESTAMISTA DE LA PASTA DE DIENTES

"¿Cómo contribuiste a este lío?"

Mi público y pacientes dicen:
- Pude haber aclarado los términos del préstamo.
- Debí haber preguntado si podía compartir la pasta de dientes con otros. Una vez más, evitemos el uso de "debí", pues complica los pensamientos.
- Pude haber pedido un poco de pasta en vez del tubo entero.
- Fue un error compartir la pasta con Mary. ¿Pero lo fue? Eres un alma generosa. Claro que no te molesta que yo comparta la pasta con alguien en necesidad.

Rara vez tú u otra persona jugando tu papel contemplan esto:
- No le dijiste a Mary que la pasta de dientes era mía para que Mary me lo pudiera agradecer en forma debida.

MARY

"¿Cómo contribuiste a este lío?"

Mi público y pacientes dicen:

- Pude haberte devuelto la pasta. ¿Pero cómo puedes hacer eso si no sabías quién era el verdadero dueño?
- No te agradecí por compartir.
- No te pregunté acerca de las expectativas sobre compartir, prestar o guardar.

Rara vez tú y Mary dicen:

- Si hubiera traído mi pasta de dientes, nada de esto hubiera pasado.

Planear para el futuro y estar preparado suelen ser aportes importantes a la prevención en un mundo de conflicto y caos.

*
**

Dos Niños que Luchan

{
Práctica de la Autopsia de los Eventos: ¿Cómo contribuí a este lío? ¿Cuáles son las soluciones?
~ Margarita Gurri, Ph.D. ~
}

La vida ofrece muchos escenarios para practicar.
¡Así que comencemos!

ESCENARIO DE DOS NIÑOS PELEANDO

Ayer, vi a dos niños, de 8 y 10 años de edad, peleando por un juego de video en la sección de comida congelada en el supermercado. Su mamá miraba de cerca, moviendo la cabeza, frustrada, enojada y avergonzada.

PERSONAJES

Una vez más, para simplificar las cosas, usemos los mismos participantes en esta Autopsia del Evento: Tú, Mary y Yo.

Oprah junta a los tres participantes y le plantea a cada uno esta pregunta de oro. Asumamos que tienen experiencia en la Autopsia de los Eventos y estamos en el Nivel Uno de reacciones, como haría Yoda.

RECUERDEN...

La pregunta del millón de dólares es: ¿Cómo contribuí a este lío?

TU	YO	MARY
• Perdón por quitarte tu juego de video.	• Perdón por haber borrado tu juego ayer.	• Muchachos, ¿qué está ocurriendo aquí? • ¿Quién hizo qué cosa? • ¿Qué puede hacer cada uno de ustedes para arreglar esta situación?

*
**

Hoja de Trabajo de la Autopsia de los Eventos

{
¿Qué contribución hizo cada persona?
¿Qué puede hacer cada una ahora?
~ Margarita Gurri, Ph.D. ~
}

Aquí hay una hoja de trabajo para ejecutar una Autopsia de los Eventos en forma efectiva. Incluí espacios para posibles soluciones de cada persona en el sendero de la resolución del conflicto.

1. Pasta de Dientes

TU	YO	MARY
¿Soluciones?	¿Soluciones?	¿Soluciones?

2. Dos Niños Peleando

TU	YO	MARY
¿Soluciones?	¿Soluciones?	¿Soluciones?

3. Un Reciente Evento en tu Vida

TU	X	Y
¿Soluciones?	¿Soluciones?	¿Soluciones?

LIBRO II

DAO
DEL
PU

Conflicto como Invitaciones a la Gracia

> *¿Realmente deseas ser feliz? Puedes comenzar con apreciar quién eres y qué tienes*
> ~ Benjamin Hoff ~
> (*The Tao of Pooh*)

Muchos eventos en la vida contribuyen a cómo reaccionamos ante el conflicto. Muchos eventos clave me ayudaron a aprender a usar los conflictos como una invitación a la gracia. Dos relatos tipifican lo que digo: "Uno menos que lavar" y "El cuento del zapato rojo".

UNO MENOS QUE LAVAR

Desde que me acuerdo, mis padres tuvieron una perspectiva positiva sobre la vida. En vez de quejarse por haber perdido su casa, amigos y vida en Cuba, hablaban de gratitud y libertad. Eran verdaderos patriotas americanos y prácticos en su fe y en su forma de encarar las crisis.

Dejamos casi todo en Cuba. Sólo vinimos con ropa y maletas llenas de nuestras posesiones. Alquilamos un hogar pequeño entre un cementerio y una estación de bomberos. Tenía un sofá seccional y un baño para nosotros seis. Amigos y familiares nos ayudaron y alguien siempre tenía lo que necesitábamos.

Un día, mientras ayudaba a limpiar los platos del desayuno, se me cayó uno de nuestros pocos vasos. Se rompió, con pedazos desparramados por el piso. Me asusté.

Pensé que mi mamá estaría triste, pero en seguida se me acercó y dijo, "Uno menos que lavar". Y juntas nos pusimos a recoger los trozos.

CUENTO DEL ZAPATO ROJO

Poco después de emigrar a Estados Unidos, mi madre llevó a mi hermana gemela Elena y a mí a un picnic de la escuela. Mamá estaba de lo más elegante, con zapatos rojos. Una madre infeliz y antipática susurró: "Pst, Beba...con esos zapatos pareces media suelta". Aunque esas palabras no eran parte de nuestro vocabulario en inglés, la maldad en sus muecas explicaba todo.

Mi madre hizo una pausa y con postura firme sonrió y dijo, "¡Sí! Yo puedo bailar". Hizo un pasito de baile y fue como flotando con rumbo a saludar a sus vecinos.

Jamás me olvidaré de eso. Yo estaba anonadada e impresionada. Después de ver a tantas personas desplomarse con los cambios de país, estatus de vida, cultura, idioma y los sentimientos de temor, ira y lamentos, entendí claramente que si queríamos, podíamos hacer lo que quisiéramos de una situación.

La infelicidad no era obligatoria y no dependíamos de los inesperados eventos de la vida o de las reacciones de otras personas. Un concepto realmente novedoso para mí en ese momento.

La reacción positiva de mi madre a esas palabras negativas cambió mi perspectiva de vida, a los 4 años de edad, para siempre. Así que cada vez que hablo en público, me pongo mis zapatos rojos en honor a la actitud positiva y el gran sentido de humor de mis padres. Los momentos de antipatía y malos humores son lo mejor que hay para enseñar a los niños y adultos a reaccionar emocional y socialmente.

*
**

El Dao del Pú

> *Las cosas simplemente ocurren en forma correcta, en el momento correcto. Es así cuando lo permites, cuando trabajas con las circunstancias en vez de reclamar, 'Esto no debe estar ocurriendo de esta forma', y de tratar de hacer que ocurran de otra forma*
> ~ Benjamin Hoff ~
> *(The Tao of Pooh)*

Años después, en la escuela católica de los domingos, aprendí que la forma de ser de mi madre era como la antigua filosofía del Dao. Según mi entendimiento, el Dao aborda una actitud de vida que nos ayuda a mantener nuestro poder ante asuntos desagradables.

¿Cómo logramos esto? ¿Dónde empezamos?

El Dao del Pú es mi simple entendimiento del Dae Te Ching, en su aplicación a los padres y la vida diaria. Traté de cambiar esta parte, para que sea para todos y no sólo padres. Pero lo mantuve así para facilitar la discusión... ¿por qué mejorar el Dao si no es para crear un sendero simple para padres llenos de amor? ¿Por qué recrear la teoría?

El Dao, literalmente, es sendero o camino en el idioma chino. Es atribuido a Lao Tzu o Viejo Sabio, filósofo del siglo 6. Los eventos no son malos o buenos, simplemente son.

Es sobre lo que es.

Las cosas parecen ser buenas o malas, pero en realidad, simplemente son. Todas las cosas nos ofrecen la oportunidad de aprender y enseñar. Depende de nosotros usar nuestras experiencias como oportunidades, con el fin de aprovechar cada ocasión, usando eventos feos y lindos y los humores nuestros y ajenos, para brillar. En nuestro apogeo, fluimos con los eventos mientras nos mantenemos fieles a nuestros valores, metas y poderes personales.

El Pú ocurre. Mientras yo hablaba con niños, pacientes, socorristas, oficiales militares y el público en general sobre las cosas feas de la vida, diseñé mi versión graciosa del Dao del Pú.

Tomé el nombre de un libro, "The Tao of Pooh" (lo que se refiere al personaje infantil, Winnie the Pooh), del escritor Benjamin Hoff. "Las cosas simplemente ocurren en forma correcta, en el momento correcto. Es así cuando lo permites, cuando trabajas con las circunstancias en vez de reclamar, ´Esto no debe estar ocurriendo de esta forma´, y de tratar de hacer que ocurran de otra forma". En vez de ser aplastados o artificialmente inspirados por los eventos para siempre, podemos usarlos como la oportunidad para mejorarnos ante cualquier situación. Podemos usar eventos y humores feos y lindos, los nuestros y de otros, para brillar. La idea es fluir con esos momentos, sin perder nuestros valores, metas y poder personal.

HENRY, "¡ES MIO! ¡Y ME LO QUEDO!"

Hace unos años, un niño de 4 años, lo podemos nombrar Henry, y sus padres, me visitaron para hacer una consulta. Al parecer, el niño tenía un problema con el asunto de hacer popó, o caca. Le diré popó pues me causa gracia. Fue estudiado, examinado y explorado por hospitales de primer nivel y sometido a exámenes bien caros. Pero no hacía popó el muchacho, y ningún test revelaba el motivo.

Finalmente, la familia fue enviada a mí, la doctora del cerebro. Cuando nos conocimos, le planteé a Henry la pregunta que haría cualquier niño, "¿Por qué no quieres hacer popó?"

Piensa por un momento sobre niños de 4 años de edad. ¿Qué dirían?

Henry exclamó, "¡Es mío! ¡Me lo quedo!" Fue como escuchar a Bill Cosby en un rutina cómica sobre niños. Me reí mucho y Henry también.

Los padres de Henry se pusieron blancos. Todo este lío, inquietud y gastos por esta reacción normal pero exagerada de individuación, o creciente independencia, y control. Pensar que un niño podía contener tanto popó e ira.

Las charlas revelaron que el muchacho quería quedarse con su popó. Se sentía bien adentro pero mal cuando salía. Era oloroso y desprolijo. Además, su hermana de 6 años solía apresurarse y jalar la cadena antes que él.

Hablamos de las maravillas del popó. Le conté a Henry que si jalaba la cadena, sería uno con el universo, dándole alimentos a las flores, el pasto y los árboles que tanto amaba. Afuera, al lado de la ventana de mi oficina, había un árbol con enormes raíces, y ahí mismo se había tropezado su hermana poco antes de la consulta conmigo.

Apunté a las raíces y le expliqué a Henry que al tirar la cadena con un buen popó en el inodoro, ayudaría al árbol crecer y a ensanchar esas raíces. La idea de hacer tropezar a su hermana le dio cierta inspiración para hacer popó y jalar la cadena.

Preguntó si podía usar el baño de mi oficina y se fue por el pasillo mientras su mamá esperaba cerquita. Unos momentos después, apareció un Henry triunfante. Entró a mi oficina, casi sin aire, a compartir la noticia.

"¡Doctora Margarita, hice popó! ¿Quieres mirarlo?"

Con gran respeto, decliné, pero su hermana aceptó la invitación. Me aseguraron que se parecía a un helado de Dairy Queen. Muy impresionante. Henry me dio un gran abrazo y nunca los volví a ver.

DAO DEL PU

Piensa en el símbolo de yin y yang, con un niño de 4 años de un lado tratando de contener su popó para siempre, y uno de esos personajes de la tele que dice cualquier cosa todo el tiempo, sin decoro alguno (como Peter Griffin en la serie *Family Guy*). Mantener y soltar son la base del Aikido de la Comunicación con Los Tres Niveles de la Ira, El Dao del Pú y Los Cállates Educados.

La pregunta es cómo encarar las cosas agradables y desagradables de la vida en forma que beneficie a la gente que queremos, la comunidad y nosotros.

EL DAO DEL PU Y EL ESTRES

Before we go looking at conflict and Event Autopsies, it is important to acknowledge how stressful so many situations are for all of us.

We deal with our expectations, others' expectations and the perception of each of those. No wonder communication can be so stressful!

In dealing with stress and personal power, again the Tao of Poo comes in handy.

A graduate school classmate introduced the use of the Tao in the context of great stress to me; Lorraine Mangione, Ph.D. Lorraine was and is one of the most unique creatures I have ever encountered. She has an amazing spirit that allows her to cultivate friendship and cooperation in the most unlikely groups. For me, Lorraine is the Tao master teacher. Dennis Jonio has been my daily Tao coach.

Tres Elecciones ante el Estrés

De acuerdo al Dao, tenemos tres elecciones ante cualquier situación estresante:

1. **Rendirnos**
2. **Escaparnos**
3. **Tirarnos de cabeza**

RENDIRNOS

Podemos rendirnos y:
- Simplemente hacer lo que sea más fácil
- Hacer lo que la gente quiere que hagamos
- Hacer lo que nuestras experiencias históricas piden que hagamos
- Escondernos bajo la cultura y tradición
- Rendir nuestra voz al comando de control

O:
- Podemos pensar y actuar por nosotros mismos

Si nos rendimos, estamos simplemente reaccionando. Estamos en los Niveles Dos y Tres de la Ira y no en control de nosotros mismos. Como decía mi hija menor Kate a su hermana mayor, Jess: "¡No eres la jefa de mi persona!"

Pero sí. Soy tu jefe si me das tu poder y reaccionas automáticamente ante mi ira.

ESCAPARNOS

Podemos escaparnos a:
- La tierra de la fantasía
- El alcohol
- Otras drogas
- Nuestras justificaciones preferidas
- La negación

En una de mis escenas favoritas de la película *The Big Chill*, el personaje de Jeff Goldblum dice, "Las justificaciones son más importantes que el sexo. ¿Cuándo fue la última vez que estuviste un día entero sin una justificación?"

Podemos evitar situaciones y crear métodos rígidos, creando rutinas y procedimientos que son hábitos de escape muy malos.

Podemos culpar:
- Es toda mi culpa
- Es la culpa de ellos
- No es culpa de nadie
- Es la culpa de todos

O:
- Podemos tirarnos de cabeza al meollo del asunto

TIRARNOS DE CABEZA

Podemos tirarnos de cabeza con los ojos abiertos y la curiosidad alerta, para observar genuinamente a otros, a la situación y a nosotros mismos en contexto. Esto se hace cada vez más fácil cuando se practica. Puede ser muy divertido aprender a resolver problemas en forma efectiva.

Podemos mirar nuestros sentimientos y decidir cómo pensar y actuar, en vez de simplemente reaccionar.

¿Qué cosa se mete en el camino?

¡Nosotros! Es difícil querernos tanto que sabemos que está bien ser imperfecto, errado o inmaduro de vez en cuando. Todos tenemos reacciones que nos harían pasar vergüenza si toda la gente pudiera ver nuestros pensamientos y vernos en nuestros peores momentos.

En la película *Lo que Piensan las Mujeres*, Mel Gibson recibe el don o hechizo de saber lo que están pensando las mujeres. Todas las mujeres todo el tiempo. Es exhaustivo y revelador. Hay que admitir que él usa esta nueva percepción para mejorar su comportamiento y cambiar sus hábitos de mente, espíritu y comportamiento. Su voluntad y deseo de explorarse a sí mismo lo hacen mejorar como persona.

Así que, ¡tirémonos de cabeza en esto!

*
**

Tres Elecciones

Haz un intento. Te invito a pensar en reacciones ante cada una de las tres elecciones que se presentan en una crisis, desilusión u otro escenario de estrés que estés enfrentando ahora mismo.

TRES ELECCIONES	EJEMPLOS	TU REACCION
1. Rendirnos	• Simplemente hacer lo que sea más fácil • Hacer lo que la gente quiere que hagamos • Hacer lo que nuestras experiencias históricas piden que hagamos • Escondernos bajo la cultura y tradición • Rendir nuestra voz al comando de control	
2. Escaparnos	• Tierra de la fantasía • Abusar drogas • Justificaciones • Negación • Culpar	
3. Tirarnos de cabeza	• Pensar y actuar por nosotros mismos • Permitir una mirada genuina a nosotros, a otros y a la situación	

¡Así que tirémonos de cabeza!

*
**

Pérdidas, Crisis y Humor

> *El humor es la gran cosa, lo que nos salva.*
> *En el minuto que sale a flote, todos nuestros*
> *resentimientos e irritaciones se desvanecen*
> *y un espíritu soleado asume su lugar*
> ~ Mark Twain ~

Muchos relatos describen las posibilidades de tirarse de cabeza en circunstancias de pérdida y crisis con humor y gracia. Estos son algunos ejemplos:

NIÑO VESTIDO POR MADRE Y GEOFFREY LA JIRAFA

Para algunas personas, no poder obtener lo que quieren, o no poder dar lo que quieren dar a otra persona, es una crisis. Hace años, en Kansas City, Missouri, yo estaba en una tienda de Toys R Us, a punto de pagar por mis cosas. A mi lado había un niño de 4 años, vestido por su madre, hablando con su madre acerca de Geoffrey la Jirafa, la mascota de la tienda, cuya cabeza casi llegaba al techo. Obviamente, me puse a escuchar la conversación.

Niño: Mamá, lo quiero.

Madre: Perdón amorcito, eso pertenece a la tienda.

Niño: Entonces lo podemos comprar.

Madre: Pero entonces el resto de los niños estarían tristes.

Niño: Ellos pueden visitar nuestra casa.

Madre: No lo podríamos llevar a casa. Es demasiado alto. Tendríamos que alquilar un camión.

Niño: Papá tiene un camión.

Madre: Tendríamos que hacer un hueco en nuestro techo para que entrara.

Niño: Está bien.

Esto continuó con la madre frustrada e indulgente tratando de negociar con su hijo para que él no sintiera una pérdida. Desear algo puede ser delicioso o peligroso. Como podemos ver, lo mismo ocurre con el acto de dar.

Todo lo que tenía que decir era:

Madre: Wow. ¡Qué maravilloso que es! Soplémosle un beso. Lo veremos cuando vengamos de nuevo. ¡Hasta luego Geoffrey la Jirafa!

Ella no entendía que no tener o perder, poco o mucho, es parte de la vida. Es nuestro trabajo aprender a manejar desilusiones y pérdidas, con el fin de que sean aportes positivos a las vidas que tocamos.

HUMOR Y PERDIDA

Si la pérdida es leve y parte de la vida diaria, o si es devastadora, el sistema para manejar la pérdida o el cambio es el mismo. La clave para encarar pérdidas es estar presente para aquellos pequeños momentos que ayudan a informar sobre los momentos grandes, o más duros, para que la vida sea más vivible y alegre. El humor es una gran manera de manejar el estrés causado por la pérdida y el cambio.

"El humor es la gran cosa, lo que nos salva. En el minuto que sale a flote, todos nuestros resentimientos e irritaciones se desvanecen y un espíritu soleado asume su lugar". Mark Twain.

Uno de los presentadores más graciosos que conozco es Charles "Chip" Lutz, teniente comandante retirado de las Fuerzas Navales de los Estados Unidos. El preside la consultora Covenant Leadership, y desde que me mostró la citación de Twain, siempre pienso en él cuando pienso o menciono esas palabras. ¡No puedo sacar su imagen de mi cabeza! A Chip le encantaría la idea de su humor acoplándose a cualquier persona que necesita una dosis de risa en un momento dado.

La comedia suele ser sobre dolor y accidentes. La comediante Carol Burnett dijo "La comedia es tragedia más tiempo".

En mi juventud, me encantaba ver a Burnett y su colega Tim Conway hacer skits. Mi favorito era uno que se llamaba Señora A-Wiggins, una recepcionista ultra lenta e inefectiva. Mi papá se reía a carcajadas. Verlo reírse era tan gracioso como ver a los comediantes en medio de su arte. En un skit, nos reíamos de la frustración y estrés de Conway en el centro de trabajo, mientras trataba de usar un nuevo sistema de comunicación con Burnett.

¿Por qué es gracioso ver a otra persona en un momento de estrés en un skit? ¿Y por qué es aún más gracioso ver sus reacciones?

Pero claro, no es tan gracioso cuando eso nos ocurre a nosotros, ¿no es cierto?

*
**

Humor, Ira y Dolor

{
Tu típico movimiento intestinal...
¿Hugh?
~ Kennedy Krieger ~
(formulario en una clínica de espalda)
}

Una de las líneas favoritas de mi familia en la película *Pretty Woman* es cuando Richard Gere le dice a Julia Roberts, "Estaba muy enojado con mi padre". Es gracioso porque en ese momento estaban en la bañadera, hablando sobre ira y terapia. Roberts estaba escuchando sus historias de dificultades y ella lo confortaba con su particular método de terapia, o sea con sus piernas alrededor de él.

¿Qué hay de gracioso con estar enojado con tu padre? Nada.

Lo que es gracioso es el contexto de ira, amor, terapia, cura y bañadera. El humor y la risa en el contexto debido nos ayudan en el proceso de sanar.

Norman Cousins escribió extensamente sobre el poder de una actitud positiva y de la alegría sobre el sistema inmune, la presión sanguínea, el control del azúcar y la capacidad de defender al cuerpo de muchas enfermedades y de responder bien al tratamiento de varias enfermedades. Sugiero que leas su "Anatomía de una Enfermedad (Percibido por el Paciente)".

LA HISTORIA DE HUGH

Cuando mi hija Jess se quebró la espalda en quinto grado, nuestro mundo se frenó por un rato. Fuimos al Instituto Kennedy Krieger de la Espina Dorsal en el estado de Maryland para una evaluación. Pero antes de esta cita tan estresante, tuvimos que llenar un montón de papeles, como dice Jess.

Una de las preguntas nos hizo reír tanto que empezamos a llorar entre carcajadas, y en ese momento éramos unas inútiles. La pregunta era sobre popó. Y claro, esto es tan apropiado para el Dao del Pú.

La pregunta era algo como, ¿Tu movimiento intestinal es?

1. **Pequeño como pedritas**
2. **Mediano como rocas**
3. **Grande como troncos**

Y, ahora viene,

4. **Hugh (en vez de "huge", lo que en inglés significa inmenso. Para colmo, Hugh es un nombre masculino bastante conocido.)**

Jess y yo vimos eso y empezamos a las carcajadas sin cesar. "¡Hugh!"

¿Un popó con nombre? Era graciosísimo y no podíamos controlarnos y la recepcionista se acercó para ver si estábamos bien. Eso nos hizo reír aún más y no podíamos hablar. Era peor que cuando a alguien se le escapa un gas en misa. No podíamos contenernos.

Hasta hoy en día, seguimos hablando de Hugh y nos reímos de ese hecho. El humor, siempre nuestro amigo, realmente nos ayudó en ese momento tan duro.

Les quiero decir que Jess está bien. Tiene una espina dorsal interesante por dentro, que se ve muy bien y fuerte por fuera. Las noticias que nos dieron ese día no eran tan malos como temíamos ni tan buenos como deseábamos. De todos modos, ella está bien y es la madre de mi nieta más pequeña, Taryn Ennis.

EL CONTEXTO Y LA PERSPECTIVA SON DE ORO

Si eso hubiera pasado en otro momento y lugar, dudamos que hubiera sido tan divertido. Pero en un momento de crisis y dolor, encontramos gran respaldo y humor en un mero error tipográfico.

O sea, el contexto es todo.

El Aikido de la Comunicación con los Tres Niveles de la Ira y El Dao del Pú tratan sobre el poder personal ante la ira, la pérdida, el temor y la tristeza. Abordan la perspectiva que nos permite abrirnos y atraer poder personal, gracia y ternura.

*
**

LIBRO III

LOS CALLATES EDUCADOS

O

LAS FORMAS EDUCADAS DE DECIR CALLATE

Los Cállates Educados

{ *Nuestro propio sentido de ser, nuestro poder personal, es nuestro Cállate Educado más poderoso, pues representa un bello golpe preventivo, lo que desvía muchos malhumores de nuestro sendero* }
~ Margarita Gurri, Ph.D. ~

Simplemente hay demasiados gruñones y mal humorados en el mundo. Todos nos tomamos un turno para ser uno de ellos, así que miremos algunos Cállates Educados para limitar nuestro lamentable aporte a la *gruñonería*.

Los Cállates Educados fueron creados para mantener mi concentración en el humor y la ternura cuando me costaba controlar mi temperamento. Niños y adultos han contribuido a mis ideas con el pasar del tiempo. Si estás cansado de personas mal educadas y deseas imponer límites en forma elegante, los Cállates Educados son la respuesta. Son estrategias simples y divertidas para establecer límites y cualquiera puede aprenderlos. Con buen sentido de humor y algunas destrezas de comunicación y ternura, puedes ser todo un maestro de los Cállates Educados.

Los conflictos internos y con otras personas son inevitables. La forma en que resolvemos esos conflictos puede profundizar las relaciones y estimular la alegría. Sin embargo, la forma en que resolvemos problemas puede cortar y herir a nosotros mismos y a otras personas. Prefiero hallar formas suaves para superar los conflictos. La vida es mucho mejor en el sendero de la paz y la felicidad.

GRACIAS A LOS HIJOS DE MILITARES

Ha sido un privilegio trabajar con familias militares y sus hijos de todas las edades, por medio de mi clínica de psicología. Hace poco tuve la oportunidad de apoyar a personal militar y sus familias en el programa Yellow Ribbon del Departamento de Defensa.

Los niños tienen el don de hallar las soluciones más claras y concisas. Los hijos de militares, en particular, con esa urgencia y sabiduría que provienen de las cosas difíciles de la vida, tienen la capacidad de lograr que los adultos se concentren en los temas realmente importantes y las soluciones que sirven de verdad. Gracias a ellos, los Cállates Educados existen.

Doy mis gracias más sinceras a los niños de todas las ramas de las fuerzas armadas de los Estados Unidos por compartir su necesidad urgente de reír con un padre u otro ser querido durante todas las fases de despliegue militar. En otras palabras, los niños militares han sido mis amigos, particularmente cuando sus seres queridos estaban preparándose para partir o se encontraban de misión o a punto de regresar de una misión.

Ahora, siete Cállates Educados serán presentados para que sean parte de tu estrategia inmediata para reunir y fortalecer tu poder personal. Son efectivos para casi todas las personas, en cualquier lado y sin importar si estamos de buen o mal humor. Todo lo que se requiere es práctica y control personal.

*
**

Siete Estrategias Simples de los Cállates Educados

{
¡Mira! ¡Ahí está el Papa!
~ Mi hija Jess ~
(de adolescente, tratando de distraernos de un conflicto)
}

Aprender a usar los Tres Niveles de la Ira (o del poder ante la ira) es un buen inicio en el proceso de encarar la ira y los conflictos. Es una gran forma de ver los límites en términos de nuestras propias reacciones.

¿Cómo se traduce esto a establecer expectativas y límites?

Hay muchas formas. La idea de los Cállates Educados vino a mi mente en medio de un gran esfuerzo para explicarles a pacientes y al público las estrategias de encarar la ira ajena usando respuestas del Nivel Uno. Es una forma divertida de practicar. En talleres, practicamos esto con una línea de conga de Cállates Educados.

De las muchas posibilidades que existen en materia de los Cállates Educados, he nombrado siete para esta discusión. Seis de ellos facilitan el acto de convocar, fomentar y fortalecer nuestro poder personal.

1. **Poder personal**
2. **Amor**
3. **Gratitud**
4. **Rendición de cuentas**
5. **Responsabilidad**
6. **Disculpas**
7. **Humor**

EMOCIONES UNIVERSALES BASICAS

Aunque presento los Tres Niveles de la Ira y los Cállates Educados en el contexto de la ira, los mismos principios aplican a cualquier emoción. El Dr. David Matsumoto, quien investiga la felicidad y las microexpresiones, identificó siete emociones universales básicas.

Toma un momento para adivinarlas.

1. **Felicidad**

2. **Tristeza**

3. **Enojado**

4. **Temor**

5. **Disgusto**

6. **Sorpresa**

7. **Desprecio**

O sea, cuando lees sobre los Cállates Educados, recuerda que la mejor forma de hacer callar a alguien es manejando la situación de antemano, teniendo en cuenta las emociones básicas que podemos usar para ayudar a establecer el tono apropiado para nuestras intenciones.

¿Cómo estableces el tono?

Piensa acerca de tus expectativas de otras personas y de diferentes situaciones.

Y pregúntate:

- ¿Cómo dejas saber a las personas lo que esperas de ellas?
- ¿Estás comunicando en forma efectiva?
- ¿Directamente? ¿Claramente? ¿A tiempo? ¿Cómo para que la gente tenga tiempo de procesar tus expectativas y adaptarse a ellas?

Veamos estos Cállates Educados.

*
**

EL PODER PERSONAL
La primera de las siete estrategias simples de los Cállates Educados

> *Es fastidioso, pero tanto de lo que recibimos de otros depende de lo que invitamos*
> ~ Margarita Gurri, Ph.D. ~

El Poder Personal es la forma más poderosa de los Cállates Educados. Aborda el acto de ser. Nuestro sentido de ser es la estrategia más poderosa para establecer límites, y puede ser un gran golpe preventivo, desviando muchos malos humores de nuestro camino.

EL PODER DE TENER CONCIENCIA DE UNO MISMO

¿Qué impacto tienes sobre otros?

Una gran parte del poder personal es tener conciencia de uno mismo. Si no sabemos cómo otros nos perciben o mal perciben, ¿cómo podemos influir en otros con una estrategia? No podemos. Simplemente hay mucho poder en conocernos a nosotros mismos.

Hace mucho tiempo, hice sparring en una clase japonesa de artes marciales, casi todo con hombres. Una de las lecciones duras que aprendí es que la mayoría de mis contrincantes masculinos me subestimaba porque soy de tamaño promedio. Este conocimiento fue el pilar de una gran estrategia de defensa y ataque que me ayudó a superar a más de un artista marcial más alto, fuerte y exitoso que yo. Es como la canción de *School House Rock*, "El conocimiento es poder".

Para un rato y simplemente sé tu mismo.

¿Cómo te fue?

Usualmente, estamos anclados en una variedad de puntos focales: nuestros seres queridos, las cosas que debemos hacer y los pensamientos que se entrometen, tal como la felicidad, la ira o las cosas de la vida.

CREANDO PERCEPCIONES: TRANSMITIENDO Y RECIBIENDO

Cuando tratabas de ser, ¿qué transmitías o emitías? ¿Qué recibiste?

Nosotros provocamos y atraemos una reacción de otras personas aunque no lo intentemos. La gente realmente responde, consciente o inconscientemente, a nuestro estado de ser.

Hace años, un paciente mío, un gruñón, comenzó a tomar decisiones realmente buenas. Se convirtió en un hombre feliz y con poder. Un día movió su cabeza de lado y me dijo, "¿No es raro que ahora que soy feliz, la otra gente me resulta más alegre?" No es solamente su percepción.

Es más fácil entender los sentimientos de otros cuando estamos atentos y conscientes de las cosas en las cuales solemos enfocarnos. Esto se llama *vigilancia perceptual*. Cuando tienes un amigo con un auto rojo nuevo, de repente estás consciente de todos los autos rojos en tu campo visual.

Pero este paciente mío no estaba viendo alegría sólo debido a sus percepciones. Nosotros provocamos y atraemos reacciones de otros, aunque no querramos.

Haz una prueba con tres expresiones faciales:
- Sonríeles a las próximas personas que veas.
- Luego muéstrales una cara neutra.
- Y luego una cara infeliz.

¿Sonríen más cuando sonríes? ¿Te sientes diferente? Mucho de lo que recibimos depende de lo que invitamos.

LAS REACCIONES DE OTRAS PERSONAS

Por suerte, no tenemos que ser monjes transcendentales para transmitir la calma y la felicidad. Lo que debemos hacer es quedarnos quietos y emitir amor y otras buenas intenciones a otros. Parece ser que estamos programados para responder a los sentimientos, intenciones y energías de otros.

Continuamente, establecemos límites y clarificamos expectativas con el simple acto de ser.

Ahora, te invito a evaluar y fortalecer tu percepción de tu Poder Personal. Luego observaremos otros Cállates Educados.

*
**

Ejercicio de Percepción del Poder Personal

[*¡Pruébalo!*]

¡Es increíble! Sólo con dominar tu reacción ante otros y el universo, atraes cierto tipo de reacción.

Piensa en una reciente interacción.
- ¿Cómo estableciste el tono, conscientemente y no tan conscientemente?
- ¿Cómo estableciste los límites?
- ¿Cómo estableciste las expectativas tuyas y para otros?
- ¿Fue verbal, no verbal o ambos?

¡Pruébalo!

1. Transmite tranquilidad

Vete a un lugar como un mercado, una calle con mucha actividad o un aeropuerto, y párate ahí. Mantente derecho, deja tus brazos caer en forma relajada. Quédate quieto. Transmite amor y tranquilidad. Observa cómo la gente reacciona.
- ¿Te miraban?
- ¿Se callaron un poco?
- ¿Te sonrieron?
- ¿Te miraban de mala manera?

2. Transmite molestia

Ahora haz lo mismo, pero lleno de negatividad, con molestia y agitación. ¿Cómo reacciona la gente?
- ¿Te miraron? ¿Miraron en otra dirección?
- ¿Se callaron? ¿Te hablaron?
- ¿Te sonrieron?
- ¿Se agitaron?
- ¿Te miraban mal?
- ¿Intentaron evitarte?

3. Sonríe, luce neutro y luego no feliz

Y ahora sonríeles a las próximas personas que veas y luego cambia de mirada, de neutro a infeliz. ¿Sonríen más cuando tú sonríes?

- ¿Te sientes diferente?
- ¿Te miraron?
- ¿Se callaron?
- ¿Te sonrieron? ¿Te evitaron?
- ¿Te miraron mal?

Es fastidioso, pero mucho de lo que recibimos de otros depende de lo que invitamos.

*
**

EL AMOR
La segunda de las siete estrategias simples de los Cállates Educados

{ *El amor es la respuesta*
~ Bob Marley ~ }

"TE AMO."

Miremos el amor.

El amor es la segunda herramienta de los Cállates Educados que nos ayuda a retener y fortalecer nuestro Poder Personal.

Hay muchos tipos de amor y formas de amar. Manejar una interacción difícil es una de ellas. Dos se destacan en su capacidad de facilitar la resolución de un conflicto: amor por uno mismo y compasión hacia otros.

¿Qué puede ser más importante que el amor? Un día, yo hablaba con mi amigo Tony Palm, un oficial retirado de las Fuerzas Navales, sobre soldados lesionados y el amor. Tony es presidente de "Post Military Employment", una empresa que busca empleos para los veteranos de guerra.

Tony tiene un espíritu práctico de guerrero con una perspectiva especial en su trabajo con militares lesionados y adictos en proceso de recuperación. Este hombre duro y fornido habla de amor. En una de nuestras recientes discusiones sobre cómo ayudar a personal militar y sus familias, me hizo recordar que hay muchos tipos de amor. Los griegos proponían cuatro tipos: Philos, Eros, Storge y Agape.

LOS GRIEGOS PROPONÍAN CUATRO TIPOS:

1. **Philos**
2. **Eros**
3. **Storge**
4. **Agape**

Philia

El Philia es el amor que sentimos por los amigos e incluye el amor que sentimos por otros seres humanos. Abarca el amor por otros y se manifiesta como compasión.

Eros

El Eros es el amor romántico, erótico o sexual. Es el amor que sentimos por una pareja. El deseo sexual es diferente. El Eros implica, según mi punto de vista, que el amor y el sexo con alguien que amas representan un amor genuino y no está relacionado con el acto sexual con una persona cualquiera. La lujuria es erótica pero no es el Eros, pues no es amor. El Eros transciende la pasión temporaria, hormonal, feromonal y basada en la necesidad.

Storge

El Storge es el amor de familia y afecto natural. Es el amor de los padres por un niño y del niño por sus padres y otros representantes de la familia, así como por los amigos. Cuando viejos amigos sobreviven el pasar del tiempo, se dice que están bendecidos por Storge. Todos hemos visto la gran alegría que uno siente cuando ve a un viejo amigo después de mucho tiempo y, a pesar de años de separación, hay una conexión inmediata.

Para complicar el asunto un poco, el Storge también abarca amantes que empezaron como amigos y cuya amistad sobrevive aunque ya no sean amantes. O sea, lo importante no es el sexo, sino la amistad. Se trata de confiar y querer.

Agape

El Agape es el amor que sentimos por Dios, por un poder más grande que nosotros. Es un amor incondicional y eterno.

Para confundir aún más las cosas, algunos creen que el verdadero amor por un niño, pareja u otro ser humano, es en realidad el amor de Agape, de Dios.

EN RESUMEN

En su esencia, yo creo que esos cuatro tipos de amor se pueden reducir a dos: el amor por uno mismo y el amor por otros.

Para simplificar nuestro simple modelo, me concentro en el amor por uno mismo y por otras personas, viéndolos como:

- Compasión por uno mismo
- Compasión por otros

¿Cómo puedes amar a otra persona sin amarte a ti mismo? ¿Cómo puedes amar a Dios sin amarte a ti mismo? Están todos deliciosamente conectados. Se trata del amor recíproco. Todo el amor fluye en ambas direcciones.

Para las personas de fe, pensamos que esto reafirma la presencia de Dios y su amor. Para aquellas personas que no creen en un poder divino, las aplicaciones prácticas del amor siguen siendo muy sólidas.

FOMENTANDO EL AMOR

Como padres o profesionales que trabajan con niños y padres, estamos dedicados a ayudar a cada niño a sentirse amado para que aprenda a amarse a sí mismo y a otros.

Eso significa que le damos lo que podemos e invitamos a nuestros hijos a amar a otros. Eso puede ser difícil si la otra persona es una fuente de conflicto para nosotros; por ejemplo un pariente, la pareja nueva de una antigua pareja, un padrastro o una persona que ha sido mala con nosotros.

Al fomentar el amor en las vidas de nuestros hijos, los invitamos a dominar las Cuatro Tareas Básicas: trabajar, jugar, dar y recibir. Los detalles de este tema están en otro libro, "Los Cinco Elementos". Pero aquí tenemos una breve introducción a este paradigma.

LOS CINCO ELEMENTOS

La idea de las Cuatro Tareas Básicas fue ampliada a un ejercicio cuando yo tenía que trabajar con niños y adultos militares que tenían dificultades conectando con otros durante, antes y después de operaciones militares. Puse estos conceptos a prueba en el marco del Programa Yellow Ribbon del Departamento de Defensa para ayudar a soldados, pilotos y sus familias a cuidarse y reintegrarse luego de sus despliegues militares.

Los militares y las familias de un grupo del ejército participaron con el apoyo de una líder brillante, creativa y fuerte, teniente coronel Cynthia Rasmussen, directora de Salud Psicológica. La voluntad de todos ellos de explorar sus relaciones con el trabajo, los juegos y los actos de dar y recibir generó una demanda para un nuevo elemento que diera significado, contexto y valor al paradigma entero.

Entonces, las Cuatro Tareas Básicas fueron transformadas y así nacieron Los Cinco Elementos.

*
**

LA GRATITUD

La tercera de las siete estrategias simples de los Cállates Educados

> *Recibe con gracia y gratitud. Pide lo que necesitas. ¿Existe otra manera para que otros aprendan a ser generosos?*
> ~ Anónimo ~
> *(Miembro de familia en el Programa Yellow Ribbon del Departamento de Defensa)*

"GRACIAS."

La gratitud es el tercer Cállate Educado. Es una forma de reconocer los aportes pequeños y grandes que hacen otras personas a nuestras vidas.

Nada es mejor que la gratitud para cambiar y mejorar el rumbo de una interacción.

No importa si estás apreciando a alguien o simplemente reconectando. Decir "gracias" con sinceridad hace maravillas. Decirlo en forma insincera deja un mal gusto en la boca.

Mi capellán favorito del ejército es el teniente coronel Paul Crecelius, quien salva vidas con su perspectiva. Ha caminado y andado y tiene la sabiduría para hablar con gran simpleza. Es humilde, simple y gracioso. Suele decir en broma que las mujeres son dadoras naturales y que los hombres son recibidores naturales. Aunque es de verdad un chiste, resalta la necesidad de observar nuestra esencia, la cultura en torno a nuestra crianza y nuestras experiencias para discernir nuestras verdaderas actitudes sobre gratitud y lo que la gratitud requiere: recibir.

El habla con gratitud sobre las experiencias malas y buenas de su vida que estimularon su fe, amor y filosofía de vida.

Cuando hablo ante el público sobre "Resiliencia, Cuidado Propio y Vivir con Felicidad", suelo pedirles que hagan el ejercicio de los Cinco Elementos.

ASESORES DE LOS ELEMENTOS

Cuando estaba trabajando con este paradigma, consulté a mi amigo y colega, Ed Dunkelblau, Ph.D. ¿No te encanta su nombre? Ed es el primer amigo que tuve durante mis estudios de posgrado en la Universidad de Kansas. Al día de hoy somos grandes amigos. Me encanta hacerlo reaccionar con mi sentido zonzo del humor y suelo presentarlo como mi amigo más antiguo.

Ed me ayudó a introducir y estructurar el ejercicio de las Cuatro Tareas Básicas y de los Cinco Elementos. Como siempre, me asesora sobre todo lo relacionado con la inteligencia emocional. El sabe resolver problemas y tiene una astucia notable. Su talento es simplificar y darle un sentido real a las cosas. No soy la única que lo aprecia, pues recientemente recibió un galardón de reconocimiento militar.

Volviendo a los Cinco Elementos...le pido a cada guerrero y sus seres queridos, en medio de su despliegue y después (en eventos del Programa Yellow Ribbon), que piensen sobre los Cinco Elementos y que identifiquen cuál de ellos dominan. Ya que ellos son los mejores en uno de los cuatro elementos, son, en esencia, Asesores de los Elementos.

LEMAS DE LOS ELEMENTOS

Luego, separo a los participantes y envío a cada uno, según el elemento que eligieron, a mesas en los cuatro rincones del cuarto. Cada Grupo de Asesoría de los Elementos (Trabajar, Jugar, Dar y Recibir) tiene cinco minutos para analizar los secretos de ser buenos en sus elementos correspondientes. La tarea para cada grupo es crear un lema con el fin de inspirar a otros a ser mejores en sus elementos de preferencia.

Es de lo más divertido escuchar y observar a cada Grupo de Asesores de los Elementos expresar sus filosofías y consejos en palabras que inspiran el éxito.

Lo que me sorprende siempre es que pocas personas en el público admiten que Recibir es el elemento que más dominan. En un evento, una mujer bien sofisticada fue la única valiente que identificó el acto de recibir como su mejor elemento. Y siendo la única Asesora de los Elementos para Recibir, creó un lema perspicaz: "Recibe con gracia y gratitud. Pide lo que necesitas. ¿Existe otra manera para que otros aprendan a ser generosos?"

¿Cómo podemos ser generosos si no podemos recibir? Mi madre una vez me dijo que si nunca recibimos, no recibimos nada y estamos siendo amarretes, pues impedimos que otros puedan dar.

El flujo de dar y recibir es un poderoso Cállate Educado, ya que convoca el poder personal en todas las personas involucradas en el conflicto. Responder a este llamado a fortalecer nuestro ser es una decisión personal tomada por cada uno de nosotros en el momento dado.

*
**

LA ACCION CORRECTIVA
La cuarta de las siete estrategias simples de los Cállates Educados

[*Ahora lo haré*]

La Acción Correctiva es el cuarto Cállate Educado. No hay nada más veloz para frenar un conflicto que una acción correctiva expresada de forma genuina. Esto abarca tres fenómenos en una sola acción: ser responsable, estar dispuesto a rendir cuentas y ser digno de confianza. Es bien eficaz el asunto. Estamos anonadados ante lo que debería ser normal: hacer lo que debimos y debemos hacer, sin dilación; simplemente acción correctiva.

Una de las causas principales de los conflictos en cualquier tipo de situación es que alguien no cumplió con lo prometido, o cómo y cuándo harían lo que prometieron hacer. Podemos evitar prolongar esos conflictos si decimos "Ahora lo haré". Problema resuelto. Bueno, más o menos.

Completar la tarea no hecha resuelve el contenido del dilema. Sin embargo, no resuelve el hecho de que no cumplimos con lo prometido. Este aspecto de los Cállates Educados puede ser resuelto ofreciendo disculpas o pidiendo perdón en forma inmediata, como se discutió anteriormente.

*
**

LA RESPONSABILIDAD
La quinta de las siete estrategias simples de los Cállates Educados

$$\left[\ \textit{Tienes razón}\ \right]$$

¿A quién no le gustan esas palabras? Asumir toda la responsabilidad de nuestras contribuciones directas e indirectas a cualquier situación es el quinto Cállate Educado. El acto de respetar requiere que asumamos responsabilidad.

Esto aborda lo que decimos y no decimos, hacemos y no hacemos, pensamos y no pensamos, sentimos y no sentimos. Es asumir responsabilidad y rendir cuentas por las consecuencias de corto y largo plazo de todas nuestras acciones.

Sabemos que cada acción está repleta de posibilidades. Cada momento viene con la opción de hacer o no hacer algo.

Cuando estamos encarando un potencial conflicto, la mejor manera de cambiar de perspectiva y aliviar la tensión es decir o escuchar, "Tienes razón". El conflicto concluye en ese instante, al no ser que haya alguna agenda secreta.

*
**

LA DISCULPA
La sexta de las siete estrategias simples de los Cállates Educados

{
*Nunca arruines una disculpa
con una excusa*
~ Kimberly Johnson ~
}

"¡PERDON!"

Muy a menudo esa palabra se queda trabada en nuestras gargantas. Debido a esto, una disculpa bien hecha y simple es el sexto Cállate Educado.

Uno, dos, tres... "¡Perdón!"

Cuando mis hijas Jess Ennis y Kate Gurri Glass eran pequeñas, las escuché intercambiando disculpas, pero con un tono poco genuino: "Perdón que me hayas obligado a pegarte". Como siempre, me hicieron reír.

A veces, las disculpas necesitan un poco de práctica. Yo solía pedirles a mis hijos que se ofrecieran disculpas, de inmediato. Es importante aprovechar las oportunidades que nos da la vida para ofrecer disculpas; es lo que nos salva de cada error que nosotros y otros cometemos. Las disculpas son grandes momentos de enseñanza para el carácter, los valores, las elecciones, el comportamiento y la capacidad de perdonar. Ayudan a convertir la ira en algo positivo.

Nos olvidamos del poder de una auténtica disculpa. Después de todo, ofrecer una disculpa es asumir toda la responsabilidad de nuestro poder en un momento complicado de una relación.

Una auténtica disculpa tiene al menos tres componentes. La parte difícil es encontrar la disculpa apropiada para el incidente correspondiente. Si la disculpa es exagerada, la víctima queda endeudada con nosotros. Si la disculpa es muy suave, nosotros quedamos debiéndole algo a la víctima. Una disculpa de verdad encaja justo, y deja a ambas partes sin una deuda o carga.

DISCULPAS

A nadie le gusta pedir perdón.

Pero por suerte, todos cometemos errores con frecuencia y tenemos muchas oportunidades para aprender de ellos y practicar el arte de pedir perdón. Pero éste es el asunto. Sólo podemos aprender de los errores si los aceptamos y reconocemos y tomamos acción para corregirlos con nosotros y otros.

Las disculpas pueden ser un ejercicio filosófico y espiritual complicado. Para mí, son un Camino de Acción simple y práctico.

"Una disculpa es el súper pegamento de la vida. Puede arreglar casi cualquier cosa" - Lynn Johnston, autora canadiense del dibujo animado, "For Better or for Worse".

ERRORES COMO MOMENTOS DE ENSEÑANZA

Los errores pueden ser grandes momentos para enseñar. Casi cualquier relación se puede fortalecer con el ciclo de ofender, ofrecer disculpas y perdonar. Un malentendido o palabras y acciones torpes pueden causar mucho daño. La disculpa posterior puede beneficiar mucho. El acto de perdonar que viene después de la disculpa puede fortalecer la confianza y el respeto mutuo.

Observemos el Arte de Ofrecer Disculpas y Perdonar.

*
**

El Arte de Ofrecer Disculpas y Perdonar

$\left\{\right.$ *"Perdón" y "Te perdono"*
(cualquier par de personas que ofrecen
disculpas exitosamente) $\left.\right\}$

¿De qué sirven los Tres Niveles de la Ira y la Autopsia de los Eventos si no sabemos el Arte de Ofrecer Disculpas y Perdonar? Ofrezco una receta de cinco pasos para una Disculpa Auténtica.

RECETA DE CINCO PASOS PARA UNA DISCULPA AUTENTICA:

PASOS DE LA DISCULPA	EJEMPLO	LA TAREA
1. **Paso Uno** I: identificar la ofensa	"Perdón por haberte pedido tu pasta de dientes, y después prestársela a Mary sin decirle que era tuya y sin devolvértela".	Identifica la cosa que hiciste, totalmente. Acción más emoción.
2. **Paso Dos** H: hacer una promesa	"Prometo no compartir tus cosas con otra gente sin tu permiso".	Haz la promesa de no repetir el error de nuevo.
3. **Paso Tres** H: hacer una buena obra	"Le diré a Mary que la pasta de dientes que le presté era tuya, para que te dé las gracias. Aquí tienes un tubo nuevo de pasta para reemplazar el que me diste. Me quedaré con el tubo usado que Mary aún tiene".	Identifica la cosa que hiciste, totalmente. Acción más emoción.
4. **Paso Cuatro** P: perdonar	"Te perdono".	La disculpa es aceptada por la persona ofendida.

PASOS DE LA DISCULPA	EJEMPLO	LA TAREA
5. **Paso Cinco** La aceptación de la disculpa es reconocida y apreciada por la persona que ofende a la otra.	"Gracias".	Si se repite la ofensa, la disculpa no es genuina.

RECETA DE CINCO PASOS PARA UNA BUENA DISCULPA

1. **Paso Uno**
   IDENTIFICAR LA OFENSA
   - Identifica la cosa que hiciste, en su totalidad. Acción más emoción.
   - "Perdón por haberte pedido tu pasta de dientes, y después prestársela a Mary sin decirle que era tuya y sin devolvértela".

2. **Paso Dos**
   HACER UNA PROMESA
   - Promete que no lo harás de nuevo. Para las familias que no creen en las promesas o juramentaciones, que haya un compromiso de intentar no hacerlo de nuevo.
   - "Prometo que no compartiré tus cosas con otra gente sin tu permiso".

3. **Paso Tres**
   HACER UNA BUENA OBRA
   - Es el momento para una buena obra. Corrige, con equilibrio. Cierra le puerta. Canta. Golpea. Besa. Rompe. Arregla y besa.
   - "Le diré a Mary que la pasta de dientes que le presté era tuya, para que te dé las gracias. Aquí tienes un tubo nuevo de pasta de dientes para reemplazar el que me prestaste. Me quedaré con el tubo usado que Mary aún tiene".

4. **Paso Cuatro**
   PERDON
   - La disculpa es aceptada por la persona ofendida.
   - "Te perdono".
5. **Paso Cinco**
   LA ACEPTACION DE LA DISCULPA ES ACEPTADA Y APRECIADA POR LA PERSONA QUE OFENDE
   - Si se repite la ofensa, no era una disculpa genuina.
   - "Gracias".

ELEMENTOS ESENCIALES DE UNA DISCULPA AUTENTICA

Una disculpa real:
   - Es genuina
   - Evita culpar a la otra persona y asume toda la responsabilidad
   - Demuestra que comprendes perfectamente bien la ofensa
   - Demuestra que comprendes cómo la otra persona fue afectada
   - No es una plataforma para lanzar otras quejas o acusaciones

*
**

Hoja de Trabajo para las Disculpas

{ *Lamento que eres tan bebita que has tenido que decirle a mamá*
~ Mis hijas Jess y Kate ~
(cuando eran niñas) }

Con la práctica, las disculpas se hacen más fáciles. Aquí tienes una hoja de trabajo para que practiques la Receta de Cinco Pasos para una Buena Disculpa.

Y recuerda las características de una disculpa real:
- Es genuina
- Evita culpar a la otra persona y asume toda la responsabilidad
- Demuestra que comprendes perfectamente bien la ofensa
- Demuestra que comprendes cómo la otra persona fue afectada
- No es una plataforma para lanzar otras quejas o acusaciones

HOJA DE TRABAJO

PASO DE LA DISCULPA	LA TAREA	TU RESPONSABILIDAD
1. **Paso Uno** Identifica la ofensa	Identifica la cosa que hiciste mal, en su totalidad. Acción más emoción.	1.
2. **Paso Dos** Haz una promesa	Promete no repetir el error.	2.
3. **Paso Tres** Haz una buena obra	Haz una buena obra. Corrige el asunto.	3.

PASO DE LA DISCULPA	LA TAREA	TU RESPONSABILIDAD
4. **Paso Cuatro** Perdón	La disculpa es aceptada por la persona ofendida.	4.
5. **Paso Cinco** La aceptación de la disculpa es reconocida y apreciada por la persona que ofende	Si se repite la ofensa, no es una disculpa genuina.	5.

*
**

Aventuras en las Disculpas

{ *¡Perdón, pero me hiciste gritar!*
~ Hijas Jess y Kate ~
(cuando eran niñas) }

Sólo podemos aprender de nuestros errores si los reconocemos y aceptamos, y si asumimos la responsabilidad por ellos y corregimos el problema, con nosotros mismos y con otras personas. Te invito a ser aventurero en forma introspectiva. Ser consciente de uno mismo no es fácil.

TU ULTIMA DISCULPA

Piensa en la última disculpa que le ofreciste a alguien.

1. **¿Qué ocurrió y cómo lo manejaste?**
2. **¿Qué dijiste?**
3. **¿Cómo te fue?**
4. **¿Seguiste la receta para las disculpas auténticas?**
5. **¿Seguiste las pautas de las disculpas auténticas?**

¿Cómo te fue?

¿Hiciste todo y cumpliste con todas las pautas de una disculpa auténtica? Por favor lee las páginas anteriores a ésta para verificar que tu disculpa fue auténtica y completa y que fue suficiente para merecer un perdón de ti mismo y de la persona ofendida.

LA ULTIMA DISCULPA QUE RECIBISTE

Ahora, piensa en la última disculpa que recibiste.

1. **¿Qué ocurrió y cómo manejaste la situación?**
2. **¿Qué dijiste?**
3. **¿Cómo te fue?**

4. **¿Seguiste la receta para las disculpas auténticas?**

5. **¿Seguiste las pautas para las disculpas auténticas?**

¿Cómo te fue?

¿Actuaste con gracia? ¿Ayudaste a la persona que ofrecía la disculpa, hablando clara y francamente sobre todos los elementos de la ofensa? Si fue así, ¿cómo puedes realmente aceptar una disculpa? ¿Cómo puede el perdón tomar raíces?

*
**

EL HUMOR

La séptima de las siete estrategias simples de los Cállates Educados

{ *Oye, ¿cómo está tu dedo?*
~ Elena Gurri y esposo Larry Levis ~ }

"¡DEJAME HABLAR!"

Y por último, pero sin restarle importancia, el séptimo Cállate Educado es el humor con un espíritu leve, también conocido como la Solución de Connie.

LA SOLUCION DE CONNIE

El año pasado, yo estaba dando un discurso en un programa para soldados y militares que regresaban de Afganistán. Ellos y sus familias estaban en un bello salón en un hotel en espera de información sobre los beneficios y recursos que podrían recibir.

Las emociones eran mixtas ese fin de semana, porque hacía muy poco habían regresado a sus familias en los Estados Unidos. La idea de estar sentado adentro todo el día, lejos de casa, escuchando informes y mirando presentaciones en Power Point puede incomodar a los militares más valientes.

Mi trabajo era estimularlos un poco para que se interesaran y participaran en el evento. Enseguida me metí en el Aikido de la Comunicación. Durante mi charla, una mesa en el fondo del recinto atrajo mi atención. Había risas y expresiones de enojo en esa mesa y, después de hablar, tuve que ir a ver lo que pasaba y me encontré con una pareja amorosa peleando por algo.

Les pregunté cómo estaban. El esposo me dio esa mirada y explicó que su mujer estaba enojada con él. Aparentemente, él estaba haciendo chistes con sus colegas de mesa durante toda mi charla. Yo me reí porque el objetivo era estimular la comunicación entre la gente presente. Su mujer quería escucharme y estaba frustrada con el humor de su marido en ese momento.

Cuando la mujer, Connie, trató de hablar con su esposo sobre la frustración que sentía, tenía la intención de decir, "¿Te podrías callar y dejarme escuchar?" Pero no dijo eso y se le escapó un gracioso, "¡Déjame hablar!"

Eso le causó mucha gracia al hombre y frustró aún más a Connie. Y para colmo, las otras personas en la mesa se estaban riendo de la pareja.

Por suerte, la pareja tuvo la gracia de permitirme usar ese incidente como un ejemplo de algo no gracioso que puede ser usado más tarde como un cariñoso y gracioso Cállate Educado. Aunque ella seguía avergonzada, yo concluí que esta mujer tan linda era brillante.

"¿OYE, COMO ESTA TU DEDO?"

Cuando me hermana gemela y su marido de siempre se habían casado, tuvieron una pelea. Una de esas peleas tontas de grandes emociones. Uno de ellos tenía un dedo roto en un torniquete. Y de repente, uno de ellos dijo con acento grueso neoyorquino, "Oye, ¿cómo está tu dedo?"

Ambos se rieron y la pelea terminó. Y desde entonces pueden recurrir a esa oración para poner fin a la mayoría de sus peleas.

*
**

Hoja De Trabajo Para Los Callates Educados

[*Practica cada una de las siete estrategias de los Cállates Educados*]

Esto es una hoja de trabajo para ayudarte a practicar. Practicar, con voluntad, nos ayuda a estar preparados para pronunciar con gracia un Cállate Educado en casi cualquier situación.

Alguien no muy cercano te pregunta:
- ¿Me prestas $1000?
- ¿Has tenido una relación extramatrimonial?
- ¿Tienes una enfermedad venérea?

HOJA DE TRABAJO

CALLATE EDUCADO	TU RESPUESTA
1. Poder Personal	
2. Amor	
3. Gratitud	
4. Rendición de cuentas	

CALLATE EDUCADO	TU RESPUESTA
5. Responsabilidad	
6. Disculpa	
7. Humor	

*
**

Plan de Accion Personal

{ *Tú debes ser el cambio que quieres ver en el mundo* }
~ Mahatma Gandhi ~

Para realmente comunicar, debemos ser siempre conscientes de nosotros mismos.

Hace mucho aprendí que si nos comprometemos a hacer algo, hay que anunciarlo en voz alta a alguien o escribirlo en un papel. De esa manera, es más probable que cumplamos nuestras metas. El acto de compartir esta información es una manera de asumir responsabilidad y tomar el tiempo para definir nuestras metas con cuidado.

Piensa en una cosa que puedas hacer - hoy, esta semana, este mes - para ser más consciente de lo que puedes hacer con tu poder ante la ira de otra persona, con el fin de facilitar las reacciones de Nivel Uno.

Reflexionar sobre lo siguiente podría ser de ayuda:
- Los Tres Niveles de la Ira
- La Autopsia de los Eventos
- El Dao del Pú
- Los Cállates Educados
- El Arte de Ofrecer Disculpas y Perdonar

PREGUNTATE

¿CUAL ES MI META?	¿A QUIEN LE DIRE MI META?	¿CUAL ES MI PLAN DE ACCION PERSONAL?

Biografía

Por Steve Lee

La doctora Gurri es una psicóloga quien por años ha educado y motivado a líderes y familias, personal militar y parejas, familias y jóvenes. Su meta es fortalecer relaciones con una comunicación franca y efectiva.

Con un sólido historial como consultora, oradora internacional y autora, la doctora Gurri tiene una estrategia de enseñanza única que está repleta de humor, anécdotas y optimismo, la cual proviene de su sabiduría y experiencias personales y profesionales.

La doctora Gurri tiene 30 años de experiencia. Obtuvo su doctorado en Psicología Clínica en la Universidad de Kansas y completó sus estudios de posgrado en la Universidad de Maryland y el Instituto Menninger.

Está afiliada a una variedad de organizaciones, como la Asociación de Psicología de los Estados Unidos, la Asociación de Humor Terapéutico y Aplicado, la Sociedad de Psicoanálisis de la Florida, la Asociación de Oradores de la Florida, la Asociación Latinoamericana y Nacional de Oradores y el Grupo de Oradores Yellow Ribbon del Departamento de Defensa.

***

Recursos y Referencias

Cousins, Norma
Anatomy of an Illness As Perceived by the Patient.
Bantam, 1991

Donovan, Frank, MAASW
Dealing with Your Anger.
Hunter House Publishing, 2001

Hoff, Benjamin
The Tao of Pooh.
Penguin Books, 1983

Johnston, Lynn
For Better or For Worse.
Universal Press Syndicate, Andrews McMeel Publishing, 1997-2004
www.fborfw.com

Lavoie, Rick, M.A., M.Ed.
Last One Picked, First One Picked On.
DVD
Rick Lavoie.com

Matsumoto, David, Ph.D.
Researcher and speaker on happiness and micro-expressions
www.DavidMatsumoto.com

Ruiz, Don Miguel
The Four Agreements: A Practical Guide to Personal Freedom.
(A Toltec Wisdom Book.)
Amber-Allen Publishing, 1977

Tsu, Lao
Tao Te Ching.
Translated by Gia-Fu Feng and Jane English
Vintage Books, 1997

*
**

www.ingramcontent.com/pod-product-compliance
Lightning Source LLC
Chambersburg PA
CBHW060613210326
41520CB00010B/1324